Katzen

glücklich & gesund

> Autorin: Katrin Behrend | Fotos bekannter Tierfotografen

Inhalt

Das Wohlfühl-Heim

Fit-und-gesund-Programm

Kennenlern-Programm

Beschäftigungs-Programm

Anhang

➤ **GU-Serviceseiten**

Wohlfühl-Heim

Von der Wildkatze zum Heimtier

Die Domestikation der Katze begann vor etwa 4000 Jahren, später als bei allen anderen Haustieren. Wie sie mit dem Menschen zusammentraf, ist unklar. Eine der bekanntesten Theorien lautet, dass die in Nordafrika wild lebenden Falbkatzen *(Felis libyca)*, schlanke Tiere mit großen Ohren und einem langen Schwanz, von den reichen Mäusevorkommen in den Kornkammern der Ägypter angelockt wurden und in die Nähe der Menschen zogen. Sie begaben sich sozusagen freiwillig in deren Obhut und machten sich selbst zum Haustier. Worauf die Ägypter sie in den Stand der Göttin erhoben und streng darüber wachten, dass sie nicht außer Landes gebracht wurden. Doch der Siegeszug der Katze war nicht mehr aufzuhalten.

Die Katze liebt es, von ihrem Menschen gestreichelt zu werden. Wann es genug ist, bestimmt allein sie.

In den letzten Jahren hat sie in der Gunst der Tierfreunde Hunde sogar überflügelt. Immer aber blieb sie relativ unabhängig und ließ sich nur zum Mäusefangen einsetzen. Im Gegensatz zu allen anderen Haustieren wurde die Katze nie für etwas anderes gezüchtet oder trainiert und hat sich deshalb bis heute fast alle Eigenschaften ihrer wilden Vorfahren aus Afrika bewahrt. Dies ist wichtig, um die Katze von Grund auf zu verstehen.

Bin ich ein Katzenmensch?

Ob in Ihrem Bekanntenkreis ein Wurf von Kätzchen auf neue Besitzer wartet oder Sie von der Eleganz und Schönheit einer Rassekatze beeindruckt sind: Bevor Sie sich für eine Hauskatze entschließen, sollten Sie sich auf Herz und Nieren prüfen, ob sie das Richtige für Sie ist (→ auch Test rechts).

➤ Eine Katze kann 15 bis 20 Jahre alt werden. In dieser langen Zeit müssen Sie immer für sie da sein.

➤ Auch die Kosten für Ausstattung, Futter, Tierarzt, Pension und nicht zuletzt für die Anschaffung, falls Sie eine Rassekatze wollen, sollten Sie in Betracht ziehen.

➤ Häufige Umzüge wegen ständig wechselnder Wohnsitze und Arbeitsstellen vertragen Katzen nicht gut. Wie sieht es bei Ihnen damit aus?

➤ Eine Katze ist zwar ein relativ eigenständiges Wesen, den ganzen Tag allein zu bleiben tut ihr allerdings nicht gut. Verhaltensstörungen und psychisch bedingte Krankheiten können die Folge sein. Wenn Sie berufstätig sind, sollten Sie sich von vornherein zwei Katzen ins Haus holen. Die leisten sich dann gegenseitig Gesellschaft.

➤ Stellen Sie vorher fest, ob Sie oder eine andere Person in Ihrem Haushalt allergisch auf Katzenhaare reagieren.

Test: Passt eine Katze zu mir?

	Ja	Nein
1. Können Sie mit Haaren auf Teppich oder Couch leben?	☐	☐
2. Ertragen Sie Kratzspuren am Sessel oder an der Tapete?	☐	☐
3. Mögen Sie Ihren Lieblingssessel mit Ihrer Katze teilen?	☐	☐
4. Sind Sie Ihrer Katze nicht böse, wenn Sie frühmorgens von ihr geweckt werden?	☐	☐
5. Loben Sie Ihre Katze, wenn sie Ihnen eine Maus als Geschenk offeriert?	☐	☐
6. Sind Sie bereit, zu Gunsten Ihrer Katze auf lautes Musikhören oder einen hektischen Lebensstil zu verzichten?	☐	☐
7. Nehmen Sie bei der Urlaubsplanung Rücksicht auf Ihre Katze?	☐	☐
8. Können Sie sich auf feste Zeiten einstellen, die Sie mit Ihrer Katze spielend oder schmusend verbringen?	☐	☐

Wenn Sie alle Fragen mit »Ja« beantwortet haben, sind Sie ein Katzenmensch – ganz nach dem Geschmack einer Samtpfote. Bereits bei dreimaligem »Nein« sollten Sie sich überlegen, ob eine Katze das richtige Haustier für Sie ist.

Die Katze registrieren

Einer entlaufenen Katze können Sie schnell auf die Spur kommen, wenn Sie sie in einem Zentralregister eintragen lassen (→ Adressen, Seite 60). Weiterer Vorteil: Sie schützen damit Ihre Katze auch vor Tierfängern und dem Tod im Versuchslabor. Mit der Registrierungsbestätigung erhalten Sie eine SOS-Plakette und den internationalen Tierausweis. Hier sind neben Tierart, Geburtsjahr, Geschlecht, Rasse, Name, Farbe und besonderen Kennzeichen auch die Tätowierungs- oder Transpondernummern aufgenommen. So kann jedes Tier sofort identifiziert werden. Tätowierung bzw. Einsetzen des Transponders ist Sache des Tierarztes, der das möglichst schon bei der Jungkatze vornehmen sollte. Die Tätowierung erfolgt in den Ohren und auf der Innenseite des Hinterbeins. Der Transponder wird mit einem kleinen Eingriff im Nacken eingepflanzt und kann per Lesegerät entschlüsselt werden.

Die verschiedenen Rassen

Im Lauf der Zeit entstanden durch Änderungen im Erbgut und deren gezielte Weiterzucht oder durch Kreuzung verschiedener Rassen die unterschiedlichsten Katzenrassen. Augenfälliges Unterscheidungsmerkmal ist die Länge des Fells.

Eine Hand voll Katzenbaby – und schon so große Augen.

Rasseneinteilung

Katzenrassen werden in drei Gruppen eingeteilt: in Langhaar-, Halblanghaar- und Kurzhaarkatzen. Die meisten Rassen gibt es in unterschiedlichen Fellfarben und -mustern (zurzeit mehr als 200) – ein unglaublich vielfältiges Angebot. Man unterscheidet einfarbig, mehrfarbig, Colourpoint, gestromt, smoked, shaded und »getippt«. Auch die Augenfarbe variiert von einer Rasse zur anderen, manchmal sogar von einem Farbschlag zum nächsten. So können orange- oder kupferfarbene Augen vorkommen, grüne, blaue, selbst verschiedenfarbige (odd eyed = ein Auge ist blau, das andere orange).

Langhaar: Zu den Langhaarkatzen zählen nur die Perser, deren langes, dichtes, feines Fell bis zwölf Zentimeter lang werden kann. Sie weisen einen kompakten Körperbau auf, niedrige, kräftige Beine, einen runden Kopf, kleine Ohren, große, runde Augen und eine kurze, stumpfe Nase mit dem typischen Stopp (Einbuchtung) zwischen Stirn und Nasenspitze.

Halblanghaar: Ihr langes, fließendes Fell besteht aus bis zu fünf Zentimeter langen Deckhaaren und kurzer Unterwolle (diese fehlt bei manchen Rassen). Zu ihnen zählen so imposante Rassen wie Maine Coon oder Ragdoll, aber auch zierlichere wie Türkisch Angora und Van, Birma, Balinese oder Somali.

TIPP

Fachbegriffe rund um Rassekatzen

- Abzeichen (Points): dunkler als Fellgrundfarbe gefärbte Partien an Gesicht, Ohren, Beinen und Schwanz
- Farbschlag: Tiere einer Rasse mit gleicher Fellfarbe
- Shaded: Haare überwiegend dunkel gefärbt, aber heller als Smoke
- Smoked: Haare überwiegend dunkel gefärbt, nur Haaransatz ist silbrig weiß
- Ticking: dunkle Bänderung jedes einzelnen Haares
- Tipping: Haare hell mit dunklen Spitzen

Kätzchen sehen meist vertrauensvoll in die Welt und gehen offen und neugierig auf Unbekanntes zu. Von möglichen Gefahren ahnen sie noch wenig.

Kurzhaar: Gemeinsam ist ihnen allen ein kurzes Fell, während ihr Aussehen von plump und kräftig über elegant und schlank bis zart variiert. Je nach Struktur des Fells unterscheidet man z. B. Plüsch-, Seiden- oder Lockenfell (wie Rex-Katzen). Abessinier, Bengal, Britisch und Europäisch Kurzhaar, Burma, Kartäuser (Chartreux), Russisch Blau, Ocicat oder Tonkanese sind Kurzhaarkatzen. Die Orientalen (Siam und Orientalisch Kurzhaar) zeichnen sich durch einen lang gestreckten Kopf mit geradem Profil aus.

Rassestandards

Neben dem unterschiedlichen Aussehen hat jede Rasse ihre eigenen Wesensmerkmale, die für das harmonische Zusammenleben von großer Bedeutung sind. Die charakteristischen Merkmale des »idealen« Tieres einer Rasse sind im so genannten Standard festgelegt. Sie beziehen sich auf ein bestimmtes Aussehen und auf erwünschte Eigenschaften. Diese Eigenschaften sollten mit Ihren Vorstellungen des Lebens übereinstimmen. Das heißt, sind Sie eher ein bedächtiger Typ, sollten Sie sich keine quirlige, fordernde Katze »antun«. Geht es dagegen in Ihrem Haushalt recht turbulent und lautstark zu, muss auch die Katze dazu passen. Die folgenden Beschreibungen von zwölf sehr beliebten Rassen geben nur einen Überblick. Für detaillierte Angaben ziehen Sie bitte einen Züchter zu Rate (→ Adressen, Zeitschriften Seite 60).

Abessinier

➤ Freundlich + lebhaft

Herkunft: Die Abessinier, eine der ältesten Rassen, wird – wohl wegen ihrer Ähnlichkeit mit der wild lebenden Falbkatze – als Nachkomme der Pharaonenkatzen Ägyptens angesehen.
Aussehen: Mittelgroß, schlank, elegant. Lange Beine. Leicht keilförmiger Kopf, relativ große Ohren. Ausdrucksvolle Augen; grün bis goldfarben.
Fell: Kurz, dicht mit charakteristischem Ticking. Neben dem ursprünglichen Farbschlag Wildfarben heute auch Zucht in Sorrel, Blau und Beige-Fawn sowie alle Farben in Silber.
Wesen: Freundlich, aufgeschlossen, intelligent. Klettert und tobt gern. Kann aufdringlich werden. Verträgt sich gut mit anderen Katzenrassen.
Geeignet für: Menschen, die ihr viel Zeit und Zuwendung widmen können.

Bengal

➤ Neugierig + anhänglich

Herkunft: Die Rasse entstand in Amerika in den 60er-Jahren durch Kreuzung der wilden Bengal mit einer Hauskatze.
Aussehen: Schlanker, großer, muskulöser Körper. Leicht keilförmiger Kopf, Nase mit kleiner Einbuchtung; mittelgroße Ohren mit abgerundeten Spitzen. Ovale, ausdrucksstarke Augen in Bernstein bis Grün.
Fell: Dichtes, feines, eng anliegendes Kurzhaar. Braune bis schwarze Tupfen und Flecken auf beige- bis rotorangefarbenem Grund. Langer Schwanz mit deutlicher Markierung und dunkler Spitze.
Wesen: Neugierig und lebhaft, klettert viel. Intelligent, anhänglich.
Geeignet für: Menschen, die eine lebendige, anspruchsvolle Katze mögen und sich intensiv um sie kümmern.

Heilige Birma

➤ Verspielt + geduldig

Herkunft: Den Beinamen »heilig« verdankt die Birma einer Legende, nach der die Seele eines in einem birmesischen Tempel ermordeten Priesters in das Tier gewandert sein soll. Vermutlich wurde die Rasse jedoch in Frankreich aus Siam, Europäisch Kurzhaar und Perser gezüchtet.
Aussehen: Muskulös und kräftig. Stämmige Beine; besonderes Merkmal: weiße Pfoten. Augen leuchtend blau.
Fell: Lang bis halb lang, seidig. Auf hellem Grund siamtypische Abzeichen (Points).
Wesen: Im Temperament eine Mischung aus lebhafter Siam und ruhiger Perser. Liebenswert und freundlich. Verträgt sich gut mit anderen Katzen und Heimtieren.
Geeignet für: Familien mit Kindern, da verspielt und geduldig.

hoher Pflegeaufwand · ideal für Wohnungshaltung · ideal für Garten

Britisch Kurzhaar

➤ **Ausgeglichen + robust**

Herkunft: Die Britisch Kurzhaar wurde aus englischen Hauskatzen und Persern gezüchtet. Der blaue Farbschlag, hier zu Lande am bekanntesten, ähnelt stark der französischen Kartäuser (Chartreux).
Aussehen: Mittelgroß bis groß, massiv. Stämmige Beine, mittellanger, dicker Schwanz. Breiter Kopf mit vollen Wangen, kleine Ohren. Große, runde Augen in den Farben Dunkelorange bis Kupfer.
Fell: Kurz, sehr dicht. Ein- und mehrfarbig, in vielen Farben, Mustern und Zeichnungen; seit kurzem auch Colourpoint.
Wesen: Unkompliziert und robust. Freundlich, selbstbewusst, ausgeglichen, anpassungsfähig. Zarte Stimme.
Geeignet für: Familien mit Kindern und anderen Heimtieren. Ideale Wohnungskatze.

Burma

➤ **Intelligent + neugierig**

Herkunft: Die Ursprungsrasse war in Burma beheimatet. Die heutige Rasse entstand jedoch 1930 in den USA aus einer Kreuzung zwischen Burmakatze und Siamkater.
Aussehen: Mittelgroß, schlank und muskulös. Stumpf keilförmiger Kopf, Nase mit Einbuchtung. Weit auseinander stehende, große, hellgelbe bis bernsteinfarbene Augen.
Fell: Kurz, glatt anliegend, seidig, glänzend. Typisch: Unterkörper stets etwas heller als Beine und Rücken. Verschiedene Farbschläge.
Wesen: Anhänglich, spielt gern die erste Geige. Temperamentvoll und neugierig. Für Reisen geeignet, liebt Autofahren.
Geeignet für: Menschen, die eine intelligente, selbstbewusste Katze suchen und viel Zeit für sie haben.

Maine Coon

➤ **Pflegeleicht + gesellig**

Herkunft: Diese ursprüngliche Rasse stammt wahrscheinlich von Halblanghaarkatzen ab, die – von Seeleuten nach Amerika importiert – sich mit heimischen Katzen paarten und im Bundesstaat Maine selbstständig entwickelten.
Aussehen: Groß, massiv, muskulös; lange Beine. Großer Kopf mit kantiger Schnauze. Große Ohren mit dichten Haarbüscheln. Große, runde Augen.
Fell: Halb lang, dicht, Wasser abweisend, mit voller Halskrause und dichten Höschen an den Hinterbeinen. Alle Farben und Zeichnungen außer Siamzeichnung.
Wesen: Ausgeglichen, gesellig und anhänglich. Intelligent.
Geeignet für: Menschen, die eine robuste, pflegeleichte Halblanghaarkatze suchen, die sich gut mit Kindern verträgt.

→ mittlerer Bewegungsbedarf ⇶ hoher Bewegungsbedarf

Norwegische Waldkatze

➤ Verspielt + verschmust

Herkunft: So genannte natürliche Rasse, die sich in Norwegen aus einheimischen Kurzhaar- und von Seefahrern mitgebrachten Halblanghaarkatzen entwickelte.
Aussehen: Groß, kräftig, geschmeidig; lange Beine. Dreieckige Kopfform mit kräftigem Kinn. Große Ohren mit breitem Ansatz und Haarbüscheln.
Fell: Lang und dicht, mit stattlicher Halskrause, Wasser abweisend. Alle natürlichen Farben erlaubt, keine Siamzeichnung.
Wesen: Freundlich, verspielt. Ausgeglichen, schmust gern. Lebhaft, klettert viel. Da sehr gesellig, fühlt sie sich als Einzeltier nicht wohl.
Geeignet für: Familien mit Kindern, die eine unverdorbene, robuste Halblanghaarkatze suchen. Ist »wetterfest«.

Perser

➤ Ruhig + anschmiegsam

Herkunft: Die Rasse entstand in England wahrscheinlich durch Kreuzung der Türkisch Angora mit anderen Hauskatzen, wobei man den Tieren mit kompakterem Körperbau, dickerem Kopf und flacherem Gesicht den Vorzug gab.
Aussehen: Groß, gedrungen, kräftig. Breiter Kopf. Nase mit Stopp. Große, leuchtende Augen, Farbe für jede Farbvarietät vorgeschrieben.
Fell: Längstes Fell aller Katzenrassen. Sehr dicht, neigt zum Verfilzen. Über 200 verschiedene Farben und Muster.
Wesen: Ruhig, anschmiegsam, verträglich. Kann auch temperamentvoll sein.
Geeignet für: Menschen, die eine majestätische Rasse für die Wohnung suchen und Zeit fürs tägliche Kämmen und Bürsten haben.

Ragdoll

➤ Sanft + geduldig

Herkunft: Die recht junge Rasse wurde vermutlich in Kalifornien aus Persern, Bicolour und Colourpoint sowie Birmakatzen gezüchtet.
Aussehen: Mittelgroß bis groß, kräftig, muskulös. Keilförmiger Kopf. Nase mit leichter Wölbung, Ohren mit Haarbüscheln. Augen groß, leuchtend blau.
Fell: Halb lang, seidig. Anerkannte Farbschläge sind Colourpoint, Bicolour und Mitted (mit weißen Füßen).
Wesen: Sehr sanft, gelassen und geduldig. Verspielt. Leise und unaufdringlich. Ideal für die Wohnungshaltung, da sie nur selten nach draußen will. Lässt sich beim Hochnehmen völlig entspannt hängen.
Geeignet für: Familien mit Kindern, anderen Katzen und Heimtieren, da sie sehr gesellig, geduldig und verträglich ist.

 hoher Pflegeaufwand · ideal für Wohnungshaltung · ideal für Garten

Siam

➤ **Mitteilsam + sensibel**

Herkunft: Im ältesten Katzenbuch der Welt, das aus Siam (heute Thailand) stammt, wird bereits eine helle Katze mit dunklen Abzeichen beschrieben. Nach Europa kamen Siam im 19. Jahrhundert und wurden in London 1871 ausgestellt.
Aussehen: Schlank, feingliedrig. Keilförmiger Kopf, lange, gerade Nase, große Ohren. Augen blau.
Fell: Glatt, sehr kurz, ohne Unterwolle. Viele Farben, stets von hellerem Grund abgesetzte dunkle Abzeichen an Kopf, Beinen, Rücken und Schwanz.
Wesen: Sehr temperamentvoll, bewegungsfreudig und intelligent. Will immer im Mittelpunkt stehen, ist äußerst mitteilsam
Geeignet für: Menschen mit besonderem Katzengespür und Erfahrung. Braucht viel Zuwendung und ist sehr sensibel.

Somali

➤ **Lebhaft + verspielt**

Herkunft: Die Rasse entstand durch gezielte Weiterzucht der immer wieder in Abessinierwürfen auftretenden Langhaarkätzchen.
Aussehen: Mittelgroß, graziös. Kopf keilförmig, Ohren groß, breit, weit auseinander stehend. Große, ausdrucksvolle, bernsteingelbe oder grüne Augen.
Fell: Sehr weich, dicht, halb lang, doppellagig. Langer buschiger Schwanz. Farbschläge wie Abessinier (→ Seite 10).
Wesen: Sehr verspielt, lebhaft, neugierig, verschmust und äußerst verträglich mit anderen Katzen. Klettert und springt mit Begeisterung.
Geeignet für: Menschen, die eine temperamentvolle, aber doch ausgeglichene Katze möchten. Braucht viel Zuwendung und Aufmerksamkeit.

Türkisch Van

➤ **Eigenwillig + intelligent**

Herkunft: Diese ursprüngliche Rasse stammt aus dem Gebirge rings um den Van-See im Südosten der Türkei.
Aussehen: Mittelgroß, muskulös. Dreieckiger Kopf mit großen, stark behaarten Ohren. Ovale, leicht schräg gestellte Augen, bernsteinfarben, blau oder odd eyed.
Fell: Halb lang, seidig, ohne Unterwolle. Grundfarbe weiß, Schwanz und Flecken im Gesicht kastanienrot oder creme.
Wesen: Temperamentvoll, bewegungsfreudig, verspielt, neugierig. Kann gut mit anderen Katzen zusammen gehalten werden, will jedoch die erste Geige spielen. Im Allgemeinen geht sie gern ins Wasser.
Geeignet für: Menschen, die eine eigenwillige Katze lieben und sich auf sie einstellen. Sie mag Zuwendung ohne Zwang.

→ mittlerer Bewegungsbedarf ⇶ hoher Bewegungsbedarf

Welche Katze passt zu mir?

Nach sorgfältigen Vorüberlegungen (→ Seite 7) sind Sie sicher, Ihr weiteres Leben mit einer Katze teilen zu wollen. Nun kommt es darauf an, aus dem großen Angebot die richtige Samtpfote zu wählen.

Kinder: ideale Schmuse- und Spielgefährten für Katzen.

Katze oder Kater?

Wenn es auch keine geschlechtsspezifischen Wesensunterschiede gibt, ist doch vorher zu überlegen:

- Eine Katze wird zwischen dem 6. und 12. Lebensmonat geschlechtsreif. Sie ist dann zwei- bis dreimal im Jahr rollig, das heißt paarungsbereit. Hat sie freien Auslauf, kann sie ebenso oft Junge bekommen. In der Wohnung bleibt sie ohne Kater länger in Liebesstimmung; das strengt an.
- Ein Kater wird mit etwa neun Monaten geschlechtsreif und markiert dann sein Revier mit Urin. In der Wohnung ist der damit verbundene Geruch nicht auszuhalten.

Hinweis: Kastrierte Tiere haben keinen Sexualtrieb mehr, die Probleme sind mit diesem Eingriff aus der Welt geschafft (→ Seite 32).

Eine, zwei oder mehrere Katzen?

Man sagt zwar, dass Katzen Einzelgängerinnen sind, sie begeben sich aber immer wieder gern in die Gesellschaft anderer. Wenn der Bezugspartner Mensch ausreichend Zeit für sie aufbringt, genügt das allerdings der Katze. Sie können sogar für ein paar Stunden abwesend sein, beispielsweise auf einer Halbtagsstelle. Hauptsache, Sie halten die festen Zeiten für Füttern, Spielen und Schmusen ein. Anders sieht es aus, wenn Sie den ganzen Tag berufstätig sind, auf das Zusammenleben mit einer Katze aber nicht verzichten wollen. Damit es

TIPP

Katzen-Kombinationen

Wenn Sie mehrere Katzen zusammen halten wollen, gibt es verschiedene Möglichkeiten:

- zwei Geschwisterchen aus einem Wurf, denn sie kennen sich von klein auf.
- eine ältere und eine junge Katze, wobei sich deren Charaktere ergänzen sollten.
- zwei erwachsene Katzen. Sie müssen allerdings viel Zeit und Geduld aufbringen, um sie aneinander zu gewöhnen (→ Seite 26).

der Katze nicht langweilig wird und sich die Unsicherheit, wann Sie denn nun endlich nach Hause kommen, nicht zum Leiden auswächst, empfehle ich Ihnen die Haltung von wenigstens zwei Katzen; sie können sich während Ihrer Abwesenheit miteinander beschäftigen. Alle Katzen brauchen getrennte Privatbereiche, das heißt, für jede muss ein Futter-/Wassernapf, Schlafplatz und eine Toilette zur Verfügung stehen.

Katzengeschwister sind von klein auf vertraut miteinander und deshalb ideal für einen Haushalt, in dem sie viel allein sind.

Junge oder ältere Katze?

Junge Katze: Sich ein niedliches Katzenkind ins Haus zu nehmen beinhaltet gleichzeitig auch eine Menge Verantwortung. Mit zwölf Wochen (früher sollten Kätzchen nicht abgegeben werden) ist es zwar schon einigermaßen »abgenabelt«, doch Mutter und Geschwister sind nun Sie in einer Person. Das bedeutet nicht nachlassende Aufmerksamkeit und Zuwendung: spielen, füttern, aufpassen, dass es keinen Unsinn treibt, sich nicht wehtut, Ihnen nicht zwischen die Beine rennt, lernt, aufs Katzenklo zu gehen, und dazwischen immer wieder schmusen beziehungsweise schlafen lassen (bis zu 20 Stunden am Tag).

Ältere Katze: Ihr Besitzer konnte sie aus zwingenden Gründen nicht behalten oder ist gestorben, und nun ist sie im Tierheim gelandet. Oder sie sitzt plötzlich vor Ihrer Tür, bettelt um Futter und will nicht mehr gehen. Das bedeutet, Sie müssen sich aneinander gewöhnen, und das braucht viel Geduld und gegebenenfalls Erfahrung im Umgang mit Katzen. Vorteil ist, dass diese Tiere selbstständig und bereits stubenrein sind und nicht Ihre dauernde Aufmerksamkeit erfordern.

Eine Katze für Kinder

- Ein Kleinkind bis zu drei Jahren weiß noch nicht mit einer Katze umzugehen. Lassen Sie die beiden nicht miteinander alleine.
- Einem älteren Kind können Sie den richtigen Umgang mit Mieze beibringen, die Verantwortung liegt aber immer bei Ihnen. Zeigen Sie ihm auch, wie man sie hochhebt und trägt. Dazu mit der einen Hand unter den Brustkorb greifen, mit der anderen unter Hinterpfoten und Hinterteil. Beim Tragen die Katze leicht gegen die Brust lehnen, das gibt ihr Sicherheit.

Wohlfühl-Ausstattung

Damit sich die Katze bei Ihnen auch wohl fühlt, sind einige Anschaffungen nötig.

Schlafplatz

Samtpfotes Lieblingsbeschäftigung ist 20 Stunden am Tag

Je rauer, desto lieber kratzen die Katzen.

schlafen, dösen und sich putzen. Darauf sollte ihr Schlafplatz abgestimmt sein. Ob das nun ein simpler Korb mit einem Kissen ist oder eine Plüschrolle, Katzencouch, Designerbett bzw. Thermokissen (der Zoofachhandel bietet eine Auswahl) – Hauptsache, der Schlafplatz ist weich und kuschelig. Achten Sie darauf, dass Decken und Überzüge abnehmbar und waschbar sind. Mehrere Katzen brauchen ihren eigenen Schlafplatz.

Kratzmöbel

➤ Ein Kratzbaum muss standfest – wackelt er, geht die Katze nie wieder dran – und mit einem dicken, widerstandsfähigen Sisalseil umwickelt sein.

➤ Ein Kratzbrett eignet sich, wenn kein Platz für einen Kratzbaum ist. Es muss so angebracht sein, dass sich die Katze daran aufrichten kann. Es sollte mit grobem Sisal bespannt sein, leichteres Material ist bald zerschlissen.

➤ Eine Kratzrolle liegt auf dem Boden und wird von »Teppichkratzern« bevorzugt. Wichtig ist auch der Standplatz, zum Beispiel neben dem Schlafplatz, in der Nähe des Fensters oder nahe an einem Schrank.

Katzentoilette

➤ Eine Plastikwanne (Zoofachhandel) mit hohem Rand verhindert, dass die Katzenstreu beim Scharren hinausfliegt. Sie sollte so groß sein, dass sich die Katze darin mühelos drehen und wenden kann. Manche Katzen verrichten ihr Geschäft lieber in einem Modell mit Haube.

➤ Die Katzenstreu muss saugstark, geruchsbindend und garantiert asbestfrei sein. Biostreu ist umweltfreundlich und kann mit dem Biomüll entsorgt werden. Sparsam im Verbrauch ist Katzenstreu, bei der die Exkremente in Klumpen gebunden werden; diese lassen sich dann leicht mit einer Schaufel entfernen. Alle acht Tage sollte die Wanne vollständig geleert und mit heißem Wasser gründlich gereinigt werden.

Futter- und Trinknapf

Jede Katze braucht ein bis zwei Futternäpfe (für Feucht- und Trockenfutter) und einen Trinknapf. Geeignet sind Schüsseln aus Porzellan, Keramik oder Edelstahl, die nicht kippen oder herumgeschoben werden können. Alle Futternäpfe sollten Sie täglich mit heißem Wasser reinigen.

Katzengras

Katzen knabbern gern an Gras und finden auch Zypergras sowie Kräuter wie Petersilie oder Katzenminze lecker. Die Aufnahme von Katzengras erleichtert das Auswürgen von Haarballen. Der Zoofachhandel bietet Grassamen in Schalen an, die zu Hause nur gewässert werden müssen, um zu sprießen. Gewöhnen Sie Mieze daran, an ihr Grünzeug zu gehen, sonst kann es passieren, dass sie Ihre Pflanzen anknabbert.

Katzenspielzeug

Im Zoofachhandel gibt es jede Menge geeignetes Spielzeug, wie Fellmäuse in allen Variationen, »Katzenangeln«, Bällchen, die hüpfen oder wackeln, weich oder hart sind. Aber auch im Haus findet sich alles Mögliche, das zum Spielen geeignet ist: Korken und Tischtennisbälle, leere Kartons oder zusammengerollte alte Wollstrümpfe. Wichtig ist nur, dass Ihre Katze das Spielzeug nicht verschlucken kann.

Ein Korb als fester Schlafplatz – süße Katzenträume sind garantiert.

Pflege-Necessaire

➤ Lang- und Halblanghaarkatzen: zwei Metallkämme, weit und eng gezähnt, eine Bürste mit Naturborsten oder gebogenen Drahtborsten, Trennmesser zum Aufschneiden von Haarknoten, Puder zum Reinigen.

➤ Kurzhaarkatzen: Eine Bürste mit Naturhaarborsten und/oder ein Noppentuch oder -handschuh genügen.

➤ Feuchte Reinigungstücher zum Säubern von Augen, Ohren und After.

➤ Krallenzange, besonders für Katzen ohne Auslauf.

CHECKLISTE

Vorsicht Gefahr!

- ✔ Balkone, offene Fenster: Ein Katzennetz (Fachhandel) sichert vor Absturz.
- ✔ Offene Kippfenster: Spezielle Einsätze (Fachhandel) verhindern Einklemmen.
- ✔ Waschmaschine, Schubladen: Kontrolle vor dem Schließen.
- ✔ Heißes: Töpfe, Pfannen, Herdplatte abdecken. Kerzen löschen, wenn Sie den Raum verlassen.
- ✔ Nadeln: wegräumen.
- ✔ Medikamente, Putzmittel: wegschließen.
- ✔ Giftige Pflanzen: entfernen oder Zugang dazu verwehren (→ Internetadressen, Seite 60).

Fragen rund um die Auswahl

Passt eine junge Katze zu meiner alten?

Ein Kätzchen passt sich auf jeden Fall besser der alteingesessenen Katze an als eine erwachsene mit ihren Eigenwilligkeiten. Wichtig ist, dass sich die Charaktere möglichst ergänzen. Ist die ältere Katze zum Beispiel gesund, aber etwas träge, bringt sie ein verspielter Kobold auf Trab. Gehen Sie langsam vor bei der Aneinandergewöhnung, und wappnen Sie sich mit Geduld (→ Seite 26). Einer alten und kranken Katze sollten Sie allerdings keinen Neuankömmling zumuten, das würde sie nur zusätzlich stressen.

Wird sich eine ältere Katze an mich als neuen Halter gewöhnen?

Die Beziehung, die das Tier mit seinem alten Besitzer gehabt hat, ist im besten Fall tief und dauerhaft gewesen. Dennoch bleibt die Katze unabhängig. Sicherlich wird sie beim Verlust ihrer Bezugsperson trauern, aber keineswegs so exzessiv, wie es beispielsweise bei einem Hund möglich ist. Letztendlich verkraftet sie die Änderung, vorausgesetzt Sie bieten ihr ein neues Zuhause, das ihr zusagt, und erfüllen all das, was die Katze erwartet. Vor allem mag sie nicht brüsk mit Unbekanntem konfrontiert werden.

Kann ich meiner Katze den Umzug von einem Heim mit Auslauf in eine Wohnung zumuten?

Sicher, denn Samtpfoten sind im Allgemeinen sehr anpassungsfähig. Bietet ihr die neue Umgebung genau die Abwechslung, die sie draußen fand, ist das schon die halbe Miete. Beschäftigen Sie sich dann noch regelmäßig mit ihr, das heißt, spielen Sie mit ihr täglich die Spiele, die sie körperlich und geistig fit halten, wird sie den Gang ins Freie nicht mehr vermissen und bald vergessen.

Was spricht dafür, eine Katze aus dem Tierheim zu nehmen?

Meist sind Tierheimkatzen bereits erwachsen, was die Zeit verkürzt, in der Sie die Verantwortung für sie tragen. Außerdem ersparen Sie sich den Aufwand, den die Eingewöhnung eines Katzenkindes mit sich bringen kann. Ande-

Vertrautes Spielzeug erleichtert die Eingewöhnung im neuen Heim enorm.

rerseits haben Sie es mit dem ausgeprägten Charakter eines erwachsenen Tieres zu tun, von dem Sie oft nicht einmal wissen, wo es aufgewachsen ist beziehungsweise was es schon durchgemacht hat. Sie sollten also über einige Katzenkenntnis verfügen, kätzische Verhaltensweisen richtig einschätzen können und Mieze viel Zeit geben, sich bei Ihnen einzugewöhnen.

Wir haben zwei kleine Kinder. Welche Katzenrassen passen dazu?

Familienfreundliche Tiere unter den Rassekatzen sind zum Beispiel Burma, Norwegische Waldkatze, Ragdoll oder Maine Coon. Sie lassen sich auch durch Trubel nicht so schnell aus dem Gleichgewicht bringen.

Können wir zu unseren anderen Heimtieren (Hund, Meerschweinchen, Wellensittich) noch ein oder zwei Katzen gesellen?

Das kann man nicht generell beantworten. Dem Hund kann zwar beigebracht werden, die Katzen als zu seinem Rudel gehörig zu akzeptieren. Für Meerschweinchen und Wellensittich hingegen sind Katzen keine idealen Gefährten, sie zählen eher zu deren Beutetieren. Deshalb auf Katzen verzichten oder die Tiere getrennt halten.

Brauche ich für die Katzenhaltung die Genehmigung des Vermieters?

Das Mietrecht besagt, dass Katzen wie Hunde grundsätzlich in der Mietwohnung gehalten werden dürfen. Selbst wenn im Mietvertrag ein ausdrückliches Verbot der Tierhaltung vereinbart wurde. Voraussetzung: Das Tier stellt keine Belästigung dar, die den Hausfrieden stört.

Kann ich einem ganz kleinen Kätzchen ansehen, wie es sich entwickelt?

Ja, allerdings nicht während eines einzigen Besuchs. Verfolgen Sie im Abstand von zehn bis 14 Tagen die Entwicklung der Jungen und versuchen Sie etwas von ihrem Wesen zu erfahren. Zum Beispiel lässt sich voraussagen, dass ein vor Ihrer Hand nicht scheuendes Kätzchen einmal eine lebhafte, selbstbewusste Katze wird. Umgekehrt wächst ein scheues Wesen sicher nicht zu einem Draufgänger heran.

MEINE TIPPS FÜR SIE

Katrin Behrend

Katzen-Paradies

- Die katzengerecht eingerichtete Wohnung ist abwechslungsreich aufgeteilt und möglichst nicht auf einen Blick überschaubar.
- Sorgen Sie für erhöhte Sitzplätze auf Schränken und Regalbrettern, die für die Katze leicht zu erreichen sind. Sie beobachtet ihr Revier gern von oben.
- Bieten Sie Ihrer Samtpfote eine Höhle als Schlafplatz, wobei egal ist, ob es sich um ein Luxusmodell oder einen simplen Karton mit Decke handelt. Ohnehin ist ihr das Bett ihres Menschen am liebsten.
- Ein Aussichtsplatz am Fenster, von Sonne und Heizung gewärmt, ist für die Katze wie Fernsehen – bequem, unterhaltsam und ohne Risiko. Ein zu schmales Fensterbrett lässt sich verbreitern (Zoofachhandel).
- Ein Zimmerbrunnen kann Ihrer Katze nicht enden wollendes Vergnügen bereiten. Außerdem trinkt sie meist liebend gern von fließendem Wasser.

Kennenlern-Programm

Augen auf beim Kauf

Alles ist bedacht: Rasse, Alter und Geschlecht der Katze. Und auch das Katzenzimmer ist schon eingerichtet. Nun stellt sich die Frage, wo man Mieze kaufen soll und was beim Kauf zu beachten ist.

Nicht nur das Aussehen, auch das Wesen zählt bei der Auswahl einer Katze.

Woher man die Katze bekommt

Züchter: Hier finden Sie die von Ihnen ersehnte Rassekatze. Die entsprechenden Adressen erfragen Sie am besten bei den Dachverbänden oder Züchterverbänden (→ Branchenfernsprechbuch oder Adressen, Seite 60); eine seltenere Rasse ist womöglich in einem weit entfernten Ort oder sogar nur im Ausland zu erwerben. Da die Zucht von Rassekatzen viel Zeit und Geld kostet, kann der Preis bis zu 1000 Euro betragen. Auch der Besuch von Katzenausstellungen lohnt sich, denn dort können Sie sich die meisten Rassekatzen ansehen und interessante Gespräche mit Züchtern führen.

Privat: Im Freundes- und Bekanntenkreis gibt es Kätzchen zu vergeben, oder eine Anzeige am Schwarzen Brett im Supermarkt oder in der Zeitung unter der Rubrik »Tiermarkt« macht Sie darauf aufmerksam. Angefallene Kosten, zumindest jedoch die Tierarztrechnung, wird sich der Katzenhalter erstatten lassen.

Bitte beachten: Hinter der Rubrik »Tiermarkt« verbergen sich oft Geschäftemacher. Sie lassen ihre Katze möglichst häufig Junge kriegen, verlangen dann eine so genannte Schutzgebühr und lassen die Jungen meist nicht impfen.

Tierheim: Meist bekommen Sie hier erwachsene Katzen (→ Seite 15), seltener Jungkatzen. Die Tiere sind generell

TIPP

Wichtig beim Kauf einer Rassekatze

- Nicht ohne schriftlichen Vertrag kaufen.
- War die Katze bereits bei der Übergabe krank, können Sie vom Kauf zurücktreten oder den Kaufpreis mindern.
- Im Impfpass müssen alle bereits erfolgten Impfungen vom Tierarzt eingetragen sein.
- Der Stammbaum enthält die Namen, Rassen und Farbschläge der Vorfahren (mindestens vier Generationen), meist auch die Prämierungen der Eltern. Er sollte von einem anerkannten Verein ausgefertigt sein, damit Sie auf Ausstellungen gehen können.

geimpft, entwurmt sowie kastriert und werden nur mit Vertrag abgegeben. Durch den Verkauf kann das Tierheim seine Kosten allerdings nur teilweise decken.

Bei der Auswahl beachten

Mein Rat: Besuchen Sie Züchter oder Katzenhalter auch vor dem Kauf und beobachten Sie die Kleinen.

Unterbringung: Achten Sie darauf, ob Mutterkatze und Junge in der Wohnung des Züchters oder Katzenhalters untergebracht sind. Nur wenn die Mutterkatze Vertrauen zum Menschen hat, kann sie es auch auf ihre Jungen übertragen.

Verhalten: Gesunde Kätzchen sind Ihnen gegenüber zwar vorsichtig, aber doch neugierig interessiert, und über kurz oder lang kehren sich die verschiedenen Temperamente heraus (→ Rassekatzen, Seite 10 bis 13).

➤ Die Gesellige wird sich schon bald streicheln lassen.

➤ Die Ruhige ist verträglich und nimmt sich Zeit für die Kontaktaufnahme.

➤ Die Schüchterne zieht sich in ein Versteck zurück und beobachtet von dort aus.

Mit einem Kennel ist der Transport ins neue Heim halb so schlimm.

➤ Die Kapriziöse wird alle Register ziehen, um Ihre Aufmerksamkeit auf sich zu lenken. Aber Vorsicht: Das kann auf die Dauer sehr anstrengend sein.

Alter: Die Kätzchen sollten bei der Abgabe wenigstens zwölf Wochen alt sein und alle Impfungen hinter sich haben (→ Impfplan, Seite 41) – eine Selbstverständlichkeit für einen guten Züchter oder Katzenhalter. Ist der Impfschutz nicht lückenlos (bei Tieren aus privater Hand kann das sein), rate ich Ihnen, das bald nachzuholen.

CHECKLISTE

Das gesunde Kätzchen

Darauf sollten Sie beim Kauf achten

- ✔ Fell: sauber, weich, ohne Knoten und Verfilzungen
- ✔ Augen: klar, glänzend
- ✔ Ohren: sauber, ohne Absonderungen
- ✔ Näschen: trocken, ohne Ausfluss
- ✔ Zähne: weiß, Zahnfleisch rosa
- ✔ Afterregion: sauber
- ✔ Bäuchlein: nicht dick und aufgetrieben wirkend
- ✔ Körper: rundum gut gepolstert
- ✔ Verhalten: spielen und toben viel, fallen unvermittelt in Schlaf

Sanfte Eingewöhnung

Für das Kätzchen ist erst mal alles fremd, die Trennung von Mutter und Geschwistern ein Schock und Sie ein fremder Mensch, dem es mit Vorsicht begegnet. Doch das gibt sich recht schnell, wenn Sie auf die Bedürfnisse des Neuankömmlings eingehen.

Heimtransport

Die Katze auf jeden Fall in einem Korb oder einer Box aus Kunststoff transportieren, in der sich auch die vertraute Decke befindet. Dann fühlt sie sich erst mal geborgen und kann auch nicht entwischen. Holen Sie sie am besten mit dem Auto und zu zweit ab. Dann können Sie das Tier auf der Fahrt beruhigen.
Zu Hause stellen Sie Korb oder Box in das Zimmer, in dem die Katze sich erst mal heimisch fühlen soll. Hier findet sie alles vor, was zu ihrer Ausstattung gehört: Schlafplatz, daneben den Kratzbaum, das Lieblingsspielzeug (wenn bekannt), Futter- und Wassernapf, und weit weg davon das Katzenklo.

Intensives Miteinander: der beste Beweis vollständiger Eingewöhnung. Die Katze ist ganz vertieft ins Spiel.

Eingewöhnen der jungen Katze

➤ Nehmen Sie Urlaub, wenn Sie den Neuankömmling holen, damit Sie viel Zeit für ihn haben. Öffnen Sie die Tür des Transporters und überlassen Sie das Kätzchen erst mal sich selbst. Es soll von allein hinausspazieren.

➤ Sobald es sich bei Ihnen wohl fühlt, wird es die übrige Wohnung inspizieren (→ Fotos rechts). Bleiben Sie dabei, damit es sich nicht wehtut oder nicht etwas anstellt. Überhaupt sollten Sie immer ein Auge auf das kleine Kerlchen haben, denn vor lauter Neugier kann es in gefährliche Situationen geraten (→ Checkliste, Seite 17).

➤ In den ersten Nächten wird das Kätzchen sehr nach Mutter und Geschwistern weinen. Soll es nicht mit in Ihrem Bett schlafen, müssen Sie von Anfang an konsequent bleiben. Streicheln und beruhigen Sie es, aber schließen Sie dann die Tür hinter sich. Kratzen und Miauen ignorieren, denn wenn Sie nur ein einziges Mal nachgeben, versteht eine Katze nicht, warum etwas heute erlaubt ist, morgen jedoch nicht (→ Erziehungsregeln, Seite 50).

Eingewöhnen der älteren Katze

Auch einer älteren Katze müssen Sie Zeit geben, sich in der neuen Umgebung zurechtzufinden. Im Eingewöhnungszimmer steht alles, was sie braucht. Von hier aus erweitert sie ihren Aktionsradius, hat aber immer die Möglichkeit, sich zurückzuziehen. Vielleicht kennen Sie den früheren Lebenshintergrund der Katze und können sich darauf einstellen. Handelt es sich um eine Tierheim- oder Findelkatze, müssen Sie möglicherweise Scheu, Angst und Aggression überwinden. Behalten Sie jedoch Folgendes im Kopf:

- Katzen haben am meisten Angst vor Unbekanntem. Konfrontieren Sie sie nicht brüsk mit neuen Dingen,

Anlocken

1

Lenken Sie die Aufmerksamkeit des Kätzchens mit sanfter Stimme auf sich. Strecken Sie ihm die Hand entgegen, damit es daran schnuppern kann.

Leckerbissen reichen

2

Um die Scheu vor Ihnen und Ihrer Hand zu verlieren, muss das Kätzchen etwas Angenehmes damit verbinden. Das lässt sich relativ leicht mit einem Trick erreichen: Locken Sie es mit einem Leckerbissen.

Streicheln

3

Hat das Kätzchen keine Scheu mehr vor Ihrer Hand, und kommt es vertrauensvoll auf Sie zu, streicheln Sie es vorsichtig und sprechen leise mit ihm. Keine ruckartigen Bewegungen machen, sonst erschrickt es.

Vertrauensbeweis

4

Hat sich zwischen Ihnen und Ihrem Kätzchen ein Vertrauensverhältnis aufgebaut, wird es sich zutraulich auf die Seite legen und Sie schnurrend zum Kraulen und Streicheln auffordern.

sondern schaffen Sie eine Atmosphäre der Beständigkeit und Sicherheit, dann kann Mieze Vertrauen zu Ihnen fassen.

Ein zärtliches Köpfchenreiben – und schon ist die Freundschaft besiegelt.

➤ Katzen möchten zu nichts gezwungen werden. Locken Sie sie mit einem Leckerbissen, loben Sie sie, wenn sie kommt, aber halten Sie sie nicht fest, wenn sie sich wieder zurückzieht.

Katze an Katze gewöhnen

Eine alteingesessene Katze hegt erst mal keinerlei Zuneigung für einen neuen Artgenossen. Schließlich betrachtet sie die Wohnung, in der sie bisher allein regiert hat, als ihr Eigentum und verteidigt sie mit Zähnen und Klauen. Sie ist beleidigt, frisst womöglich nicht mehr, kratzt an Sessel und Sofa oder verrichtet ihr Geschäft mitten auf dem Teppich, um Dominanz zu zeigen. Gehen Sie also bei der Gewöhnung langsam und mit Geduld vor.

1. Schritt: Räumen Sie der Neuen ein paar Tage ein eigenes Zimmer ein. So können sich die Tiere schon mal hören und riechen.

2. Schritt: Lassen Sie die Neue die Wohnung inspizieren, während Sie sich mit der Altkatze auf dem Schoß in den gewohnten Sessel setzen. Streicheln und beruhigend mit ihr reden. Vielleicht fängt sie zu schnurren an. Die Neue wird neugierig herbeilaufen und an ihr zu schnuppern versuchen.

3. Schritt: Lässt die Altkatze den Nasenkontakt zu, ist die erste Hürde gewonnen. Sie braucht jedoch noch viel Zuwendung, und es wird eine Weile zu Geschrei und Tatzenhieben kommen, bis sie sich mit der Neuen angefreundet hat. Die sollte sich vorerst noch in ihr Zimmer zurückziehen können.

Katze an Hund gewöhnen

Der Spruch »wie Hund und Katz« als Synonym für ewige Feindschaft stimmt nicht. Meist verstehen sie sich prächtig, vorausgesetzt, sie kennen ihre verschiedenen Sprachen. So bedeutet

TIPP

Anfreunden

➤ Den Neuankömmling mit einem Handtuch abrubbeln und die alteingesessene Katze daran riechen lassen.

➤ Auch dem Neuankömmling ein Tuch mit dem Geruch der Altkatze zum Riechen geben.

➤ Die alte in das Zimmer der neuen Katze setzen, während diese die Wohnung erkundet.

➤ Vor der ersten Begegnung beide mit Hefeflocken einreiben. Das duftet angenehm und schmeckt zudem gut.

Natürliche Freunde sind Katzen und Kaninchen nicht von vornherein. Man muss sie erst aneinander gewöhnen.

Schwanzwedeln beim Hund Freundlichkeit, bei der Katze dagegen Unwille oder gar Wut. Der Hund hebt seine Pfote in wohlwollender Absicht, die Katze wird damit gleich zuschlagen.
Junge Tiere, die zusammen aufwachsen und auch im Temperament harmonieren, werden in der Regel zu dicken Freunden. Ebenfalls gut geht es, wenn zu einem erwachsenen Hund ein junges Kätzchen kommt. Allerdings muss man ihm beibringen, sie zum Rudel gehörig zu akzeptieren. Hingegen kann eine erwachsene, selbstbewusste Katze einen jungen Hund so drangsalieren, dass er sich nur noch verkriecht. Das sollten Sie rechtzeitig unterbinden.

Katze an andere Tiere gewöhnen

Die meisten Heimtiere, wie Meerschweinchen, Ratten oder Kleinvögel, betrachtet die Katze als Beutetiere. Eine Aneinandergewöhnung ist meist nur möglich, wenn sie zusammen aufwachsen oder ein junges Kätzchen zu den anderen Tieren kommt. Aber auch dann sollte die Katze nicht im Raum sein, wenn die anderen Auslauf haben.

CHECKLISTE

Hund und Katze

- ✔ Hund kommt dazu: Die Tiere in zwei angrenzenden, aber geschlossenen Räumen unterbringen. So können sich beide wahrnehmen und riechen.
- ✔ Katze ist neu: Lassen Sie sie ihr neues Revier erkunden. Den Hund eventuell in diesen Tagen zu Verwandten oder Freunden geben.
- ✔ Der erste Kontakt: Katze sitzt in einer Box, der Hund ist angeleint. Beschnuppern lassen, in den nächsten Tagen wiederholen.
- ✔ Hat sich die Abwehr gelegt, beide frei lassen. Der Katze jedoch eine Fluchtmöglichkeit einräumen, etwa einen erhöhten Platz.

Verhalten der Katze

Das Verhalten der Katze wird von ihrem einzelgängerischen Wesen bestimmt. Körperbau und Sinnesorgane sind auf kleine, allein zu überwältigende Beutetiere spezialisiert, die Körper- und Lautsprache ist ausdrucksstark.

Fähigkeiten

Aufgrund ihres geschmeidigen und muskulösen Körpers ist die Katze zu den vielfältigsten Bewegungen und Verrenkungen fähig. Sie springt aus dem Stand über einen Meter hoch und ebenso weit, schleicht extrem langsam und kontrolliert, sprintet explosionsartig, galoppiert, klettert und balanciert mit traumhafter Sicherheit. Wenn sie fällt, landet sie immer auf allen vieren. Die Krallen an den Vorderpfoten können eingezogen, die Fellhaare bei Erregung aufgerichtet werden. Auch die Sinne sind sehr fein auf ihr Dasein als Jägerin abgestimmt. Sie kann in Frequenzbereichen bis zu 65 Kilohertz hören und punktgenau auf die huschende Maus springen, in der Dämmerung fast genauso gut sehen wie bei Tag und sich mit ihren Tasthaaren sogar im Dunkeln orientieren. Geruchs- und Geschmackssinn komplettieren ihre Sinneswahrnehmungen.

> *Rauf ist ja noch einfach, aber runter wird's schwierig.*

Verhaltens-ABC

Körper- und Lautsprache geben Auskunft über die Gemütsverfassung der Katze.

CHECKLISTE

Katzensprache

- ✔ **Entspannung:** Sitzt mit über die Pfoten oder nach hinten gelegtem Schwanz. Fell glatt. Ohren nach vorn oder leicht nach außen gerichtet. Augen ruhig oder blinzelnd, Pupillen normal. Schnurrhaare wenig gefächert.
- ✔ **Begrüßung:** Kopf erhoben, Schwanz hoch aufgerichtet, Beine gestreckt. Ohren nach vorn gerichtet. Augen wach und weit geöffnet. Miauen, Gurren.
- ✔ **Aufmerksamkeit:** Gespannte Körperhaltung, zuckende Schwanzspitze. Ohren gespitzt nach vorn gedreht. Augen groß und rund. Eventuell Maunzen.
- ✔ **Angriffslust:** Leicht geduckte Haltung. Fell an Rücken und Schwanzansatz gesträubt. Ohren hoch gestellt und nach hinten gedreht. Pupillen verengt. Knurren, Fauchen, Heulen.
- ✔ **Abwehrbereitschaft:** Katzenbuckel, gesträubte Rückenhaare. Ohren seitlich weggeklappt. Pupillen weit geöffnet. Fauchen.
- ✔ **Attacke:** Geduckte Haltung, gesträubte Haare, hin und her peitschender Schwanz. Pupillen verengt. Lautes Kreischen.

1 **Abwehr**

Die Katzen sitzen im rechten Winkel zueinander, die Vorderpfoten nebeneinander gestellt, den Schwanz um den Körper gelegt. Die Ohren sind seitlich weggeklappt, die Pupillen groß und die Schnurrhaare zurückgelegt. In dieser abwartenden Haltung verharren sie eine Weile, ohne sich aus den Augen zu verlieren.

2 **Kampf**

Plötzlich wirft sich die eine Katze auf die andere und fängt eine Balgerei an. Die andere rollt sich blitzschnell auf den Rücken und pariert mit Zähnen und Krallen. Bei kleinen Katzen bleibt es bei einem spielerischen Schlagabtausch, während erwachsene Kater sich einen blutigen Kampf liefern können.

Körpersprache: Sie besteht aus dem Zusammenspiel von Bewegungen und Haltungen, die von Gesten des Schwanzes begleitet werden. Ohren, Augen, Lippen und Tasthaare verleihen der jeweiligen Stimmung einen typischen Gesichtsausdruck, wobei die Sprache der Ohren am deutlichsten ist. Diese sind sehr beweglich und können aufgestellt, weggeklappt und nach vorn oder hinten gedreht werden. Oft ist die Mimik recht unauffällig, so dass man gut aufpassen muss, um sie richtig zu interpretieren. Wer sich da nicht auskennt, bekommt es schmerzlich zu spüren.

Lautsprache: Sie begleitet die verschiedenen Stimmungen mit Tönen. Miauen und Gurren gibt Samtpfote in allen Lebenslagen von sich, Schnurren bedeutet Wohlbehagen, aber auch eine Art Selbstberuhigung bei Angst und bei Begegnungen mit friedlichen Absichten. Wenn eine Beute unerreichbar ist, schnattert die Katze. Fauchen und Knurren sind Warn- und Drohlaute, Kreischen ertönt in größter Bedrängnis oder nach der Begattung, geheult wird kurz vor dem Kampf.

Markierungssprache: Sie dient der Kommunikation unter Artgenossen. Markiert wird mit Urin und Kot sowie dem Sekret von Duftdrüsen. Diese befinden sich zwischen den Zehen, an den Wangen, unterm Kinn und auch am Schwanzansatz. Durch Kratzen an einem Baum werden also nicht nur die Krallen geschärft, sondern auch Duftspuren hinterlassen. Und wenn sich Mieze an Ihrem Bein reibt, setzt sie ihre Duftmarke daran.

Verhaltensdolmetscher

Katzen

Kennen Sie die Katzensprache? Hier erfahren Sie, was Mieze mit ihrem Verhalten ausdrücken möchte ? und wie Sie richtig darauf reagieren ➔.

Das Kätzchen hat sich unter einer Decke verkrochen.

? Es sucht Geborgenheit in einer »Höhle«.

➔ Bieten Sie ihm noch andere Rückzugsmöglichkeiten an, zum Beispiel eine Kuschelhöhle oder ein Schlafhäuschen.

Die Katze räkelt sich auf einer Mauer in der Sonne und gähnt.

? Sie frönt ihrer Lieblingsbeschäftigung: Faulenzen und Beobachten.

➔ Sorgen Sie auch in der Wohnung für so einen gemütlichen Aussichtsplatz.

Bewegungslos und doch voller Spannung lauert die Katze im Gras.

? Sie hat eine Beute im Visier und wird gleich blitzschnell zupacken.

→ Schimpfen Sie sie nicht, Jagen ist Katzenart.

Die Katze klettert auf einen Baum.

? Sie ist auf der Jagd nach Vögeln.

→ Hängen Sie ihr ein Glöckchen um oder befestigen Sie eine Schutzmanschette um den Stamm.

Das Kätzchen sitzt auf einem hohen Ast und maunzt kläglich.

? Es traut sich von allein nicht mehr hinunter.

→ Lehnen Sie eine Leiter an den Baum, dann lernt es sich selbst zu helfen.

Die Katze hat die Hand umklammert und beißt in Ihren Finger.

? Sie verwechselt Ihre Hand mit einer Beute und attackiert sie mit Zähnen und Krallen.

→ Unterbrechen Sie das Spiel, bis sich die Katze beruhigt hat.

Katzen-Kinder

Sind Sie Besitzer/in einer frei laufenden Kätzin, wird diese Ihnen in regelmäßigen Abständen Nachwuchs bescheren. Die Aufzucht der niedlichen Rasselbande wird Ihnen sicher viel Freude bereiten. Doch dann erhebt sich die drängende Frage: Wohin mit

Huch, erst einmal skeptisch gegenüber allem Fremden.

den Jungen? Um diesem Problem aus dem Weg zu gehen, empfiehlt sich die rechtzeitige Kastration der Katze (→ Tipp rechts).

Werbung und Paarung

Eine rollige Katze läuft unruhig hin und her, sie frisst kaum, wälzt sich auf dem Boden und miaut ununterbrochen. Der Kater muss nach einem strengen Ritual der Anziehung und Abwehr um sie werben. Zeigt sich die Katze schließlich zur Paarung bereit, kommt es meist zu mehreren Deckakten, oft auch noch mit anderen Katern.

Tragzeit und Geburt

➤ Nach etwa drei bis vier Wochen werden die Zitzen fest und rosig und beginnen sich aufzustellen. Ab der fünften Woche wird der Bauch sichtlich runder.

➤ Als Wurflager einen Pappkarton (40 x 50 Zentimeter mit 30 Zentimeter hohem Rand) mit einer dicken Lage Zeitungspapier auslegen, darüber ein sauberes Tuch breiten. Das Lager an einem ruhigen, warmen Ort aufstellen (etwa 22° C), dann kann Mieze sich daran gewöhnen.

➤ Der Geburtstermin errechnet sich aus dem ersten Decktag plus 63 Tage. Sieben Tage davor oder danach sind noch normal.

➤ Die Geburt kündigt sich durch unruhiges Verhalten der Katze an. Kurz davor verliert sie das Fruchtwasser, bald darauf wird das erste Junge in der Fruchthülle aus-

TIPP

Wissenswertes zur Kastration

➤ Kastration ist die Entfernung der Eierstöcke bei der Katze, die Entfernung der Hoden beim Kater. Sie wird ambulant vom Tierarzt vorgenommen.

➤ Bester Zeitpunkt: beim Kater kurz vor Erreichen der Geschlechtsreife (mit ca. neun Monaten), bei der Katze nach der ersten Rolligkeit (mit ca. sechs Monaten).

➤ Sie ist sinnvoll, um die ohnehin schon große Anzahl herrenloser Katzen nicht noch zu vergrößern; um zu verhindern, dass der Kater markiert und streunt, mit Nebenbuhlern kämpft und verletzt wird.

Ab der fünften Woche lehrt die Mutter ihre Kinder die Feinheiten des Katzenlebens.

getrieben. Die Mutter beißt die Nabelschnur durch, frisst die Nachgeburt und leckt das Kleine trocken. So werden nach und nach alle Jungen geboren.

Entwicklung der Jungen

1. bis 7. Tag: Noch blind und taub, aber behaart. Gewicht 70 bis 130 Gramm. Tastend finden die Jungen zu den Zitzen und fangen an zu saugen, indem sie den Milchfluss durch Treteln mit den Vorderpfoten anregen. Das Vertrauen der Mutter zum Menschen wird auf die Jungen übertragen.

8. bis 12. Tag: Gewicht hat sich verdoppelt, Augen öffnen sich. Schnurren beim Saugen. Gesteigertes Interesse an der Umwelt.

13. bis 20. Tag: Krabbeln und über den Kistenrand schauen. Bewegungen zielstrebiger. Keine Angst vor vertrauten Menschen, fremde werden angefaucht.

21. bis 25. Tag: Erste Schritte außerhalb der Kiste, tollpatschiges Spielen. Milchzähne wachsen.

3. bis 4. Woche: Erste feste Nahrung, Benutzung des Katzenklos der Mutter abgeschaut. Die Scheu vor Menschen wird abgebaut durch Streicheln und Hochnehmen.

5. bis 6. Woche: Springen und Klettern, Fangen und Jagen. Die Mutter bringt Beutetiere und spielt mit den Kindern.

7. bis 8. Woche: Selbstständigkeit wächst, auch wenn Kontakt zu Mutter und Geschwistern noch sehr wichtig ist. Spiel mit dem Menschen festigt das Vertrauen zu ihm.

3. bis 4. Monat: Die Kätzchen können in ein neues Zuhause abgegeben werden. Vorher impfen lassen (→ Seite 41).

Fragen rund ums Eingewöhnen

? Meine alte Katze verträgt sich nicht mit dem kürzlich ins Haus geholten jungen Kätzchen. Was soll ich tun?
Ihre alte Katze ist eifersüchtig, denn wahrscheinlich hat sich Ihre Aufmerksamkeit mehr auf den süßen Katzenkobold mit seinen drolligen Spielen gerichtet. Schenken Sie ihr besondere Zuwendung und zeigen Sie ihr, dass sie nach wie vor die erste Geige spielt. Vielleicht haben Sie ihr aber auch zu wenig Zeit gelassen, sich an den Neuankömmling zu gewöhnen. Fangen Sie noch einmal von vorne an (→ Seite 26).

? Meine Katze ist nun schon fast ein Jahr alt und immer noch sehr scheu. Wie kann ich sie an mich gewöhnen?
Sie dürfen die Zuneigung der Katze auf keinen Fall erzwingen, das heißt, sie nicht durch die Wohnung verfolgen und gegen ihren Willen streicheln. Geben Sie ihr häufig kleinere Mahlzeiten, um sie über das Futter an Sie zu gewöhnen. Sprechen Sie dabei sanft mit ihr. Dann verbindet sie Ihre Person nur mit Positivem. Spielen Sie mit ihr, um sie anzulocken. Streicheln Sie die Katze aber erst, wenn sie Sie dazu auffordert.

? Meine Katze ist trächtig. Muss ich bei ihrer Ernährung etwas beachten?
Geben Sie ihr hochwertiges Futter. Die Futterration beträgt pro Tag ungefähr 400 Gramm, die Sie auf drei bis vier Portionen verteilen. Im Fachhandel gibt es spezielles Futter für trächtige und säugende Katzen, das auf deren spezielle Bedürfnisse abgestimmt ist.

? Ich bin umgezogen. Nun weckt mich meine Katze jede Nacht kläglich maunzend. Was hat sie?
Katzen sind Gewohnheitstiere. Sie lieben die Routine, die gleichen Abläufe, Plätze, Rituale. Und nun ist alles ganz anders. Auch wenn Sie dafür gesorgt haben, dass die Wohnung wieder katzengerecht ist, muss Mieze neue »Trampelpfade« anlegen, und das widerspricht erst mal ihrem Bedürfnis nach Bestän-

Im Garten ist es ja so spannend, doch gegen Ausbüxen sollte er gesichert sein.

digkeit. Spielen und schmusen Sie vor dem Schlafengehen viel mit ihr, dann ist sie vielleicht so müde, dass sie in der Nacht nicht mehr auf den Beinen sein mag.

? Meine Katze ist plötzlich unsauber – was kann ich tun?

Katzen sind von Natur aus reinliche Tiere. Unsauberkeit ist also immer ein Zeichen, dass etwas nicht stimmt. Versuchen Sie, die Ursache herauszufinden, etwa viel Unruhe im Haus, neue Einrichtungsgegenstände, ein Baby, das die Aufmerksamkeit von der Katze abwendet, ein Katzenklo, das nicht mehr gefällt. Auch gesundheitliche Probleme können dafür verantwortlich sein, etwa eine Nierenerkrankung oder Diabetes. Manchmal kommt man der Sache nicht gleich auf die Spur. Verlieren Sie nicht die Geduld und entziehen Sie Ihrer Katze vor allem nicht Ihre Zuwendung, denn das würde den Stress nur erhöhen. Loben Sie sie jedes Mal, wenn sie aufs Katzenklo gegangen ist, und beschäftigen Sie sich viel mit ihr, damit Sie noch besser über ihre Bedürfnisse Bescheid wissen.

? Ich habe eine Katze aus dem Tierheim. Was kann ich gegen ihre Zerstörungswut unternehmen?

Da Sie vielleicht nur wenig über die Vergangenheit der Katze wissen, müssen Sie erst die Ursache herausfinden. Ein Grund dafür könnte Langeweile sein. Vielleicht sind Sie den ganzen Tag berufstätig, und das kennt die Katze nicht von ihrem Vorbesitzer. Spielen Sie regelmäßig mit ihr, wenn Sie nach Hause kommen. Die Katze wird sich daran gewöhnen und sich auf Ihre Heimkehr freuen. Vielleicht behagt Mieze aber der Kratzbaum nicht, weil er am falschen Platz steht, das Material nicht stimmt, er wackelt. Probieren Sie aus, woran es liegen könnte. Decken Sie gleichzeitig Möbel, Teppich oder Tapete mit einer Wachstuchdecke ab; da sich die glatte Oberfläche beim Kratzen unangenehm anfühlt, wird die Katze davon ablassen. Wenn die Katze aufgrund ihres Fehlverhaltens ins Tierheim kam, existiert dieses Problem schon lange und Sie werden ihm nicht allein beikommen. Dann sollten Sie sich an einen Verhaltensexperten wenden.

MEINE TIPPS FÜR SIE

Katrin Behrend

So klappt die Eingewöhnung

- Ob Katzenkind oder erwachsene Katze – für die Eingewöhnung braucht es viel Zeit, Geduld und Liebe.
- Ein Kätzchen wird die Trennung von Mutter und Geschwistern nicht ganz so schmerzlich empfinden, wenn ein vertraut riechender Gegenstand in seinem Schlafkörbchen liegt.
- Vermeiden Sie am ersten Tag Lärm, Hektik, laute Musik und halten Sie andere Heimtiere noch fern.
- Über einen Umzug kommt Ihre Katze leichter hinweg, wenn Sie in der neuen Wohnung gleich einen Raum mit ihren Sachen einrichten und die Katze von dort aus die fremde Umgebung langsam erforschen kann.
- Lassen Sie Ihre Katze den Garten erst erkunden, wenn sie drinnen heimisch geworden ist. Sorgen Sie dafür, dass sie sich zurückziehen kann, sobald sie vor etwas erschrickt. Wie eine Katzenklappe funktioniert, lernt sie später.

Fit-und-gesund-Programm

Gesundheitsvorsorge

Im Allgemeinen sind Katzen zäh, widerstandsfähig, abgehärtet und robust. Unterstützen Sie diese wunderbare Veranlagung, indem Sie Ihre Samtpfote richtig ernähren, gut pflegen (→ Seite 42), artgerecht halten und liebevoll mit ihr umgehen. Dazu kommen noch die jährlichen Impftermine und die Entwurmung.

Mehrmals täglich putzen: nur so fühlen Katzen sich wohl.

Die richtige Ernährung

Katzen sind Fleischfresser. In der Natur ernähren sie sich hauptsächlich von Mäusen, ab und zu einem Vogel, Insekten, Gras und gelegentlich einem Ei. Abwechslung gibt es also so gut wie keine. Sie ist auch nicht nötig, denn das Nährstoffangebot, das Katzen in ihren Beutetieren vorfinden, ist optimal.

Tierisches Eiweiß (Protein) brauchen Katzen täglich, um gesund zu bleiben, d. h. Nahrung mit hohem Anteil an Fleisch. Dadurch erhalten sie auch die lebenswichtige Aminosäure Taurin, die für die gesunde Entwicklung von Augen, Herz und Gehirn wichtig ist. Eiweiß liefert Energie und sorgt für Muskelaufbau, Erneuerung des Körpergewebes, Haarwachstum und die richtige Verdauung. Gute Eiweißlieferanten sind Muskelfleisch, Fisch, Eier, Leber oder Sauermilchprodukte.

Fett spendet doppelt so viel Energie wie Eiweiß. Es enthält die essenziellen Fettsäuren (ausschließlich in tierischen Fetten) und ist für die Verwertung der fettlöslichen Vitamine A, D, E und K wichtig. Fett braucht die Katze für gesunde Haut und glänzendes Fell, die Aufrechterhaltung des Immunsystems, Wachstum und Fruchtbarkeit. Gut geeignet sind die leicht verdaulichen Fette in Fleisch und Geflügel sowie Mais- oder Distelöl, aber auch Lachs- oder Nachtkerzenöl.

Kohlenhydrate sind wichtige Energielieferanten, sie stecken z. B. in Getreideflocken, Reis, Nudeln und Kartoffeln. Pflanzliche Produkte dürfen nur gekocht (sonst für Katzen nicht verwertbar) und nur in kleinen Mengen (etwa zehn Prozent) unters Futter gemischt werden.

Ballaststoffe sind schwer oder unverdauliche Bestandteile der Nahrung und haben eine darmregulierende Wirkung (→ Katzengras, Seite 17). Reich an Ballaststoffen sind z. B. Vollreis, Getreideflocken oder Weizenkleie.

Vitamine und Mineralien unterstützen in kleinsten Mengen die Körperfunktionen, wie die von Augen, Haut und Schleimhäuten, Knochen, Nerven, Zähnen und Stoffwechsel. Sie dürfen in der Katzennahrung nur in ausgewogener Menge vorhanden sein. Sowohl ein Zuviel als auch ein Zuwenig hat gesundheitliche Probleme zur Folge.

Fertigfutter

Fertigfutter ist praktisch und ausgewogen, das heißt, es liefert alle notwendigen Nähr- und Vitalstoffe im richtigen Verhältnis. Legen Sie Wert auf hochwertiges Fertigfutter (→ Checkliste, rechts).
Man unterscheidet zwischen Feucht- und Trockenfutter:
Feuchtfutter, meist in Dosen, ist lange haltbar und enthält oft keine Konservierungsstoffe. Der Wassergehalt beträgt 70 bis 80 Prozent, die Katzen müssen also nicht so viel trinken.
Nachteile: Durch die weiche Konsistenz werden Zähne und Zahnfleisch kaum beansprucht, außerdem verdirbt der Inhalt geöffneter Dosen schnell und muss gekühlt aufbewahrt werden.
Trockenfutter ist hoch konzentrierte Vollwertnahrung. Es enthält kaum Wasser und muss weniger verfüttert werden. Allerdings darf ein stets gefüllter Wassernapf nicht fehlen. Vorteil: Es verdirbt nicht im Napf.

Sind zwei Katzen im Haus, braucht jede ihren eigenen Futternapf.

Futter selbst zubereiten

Wenn Sie für Ihre Mieze kochen wollen, bestimmen Sie selbst die Qualität der Zutaten und wissen, was Sie verfüttern. Ohne ausreichendes Wissen über die Nährstoffzusammensetzung kann Selbstgemachtes der Katze allerdings sehr schaden.
➤ Fleisch nur gekocht verwenden; rohes Fleisch kann gefährliche Krankheitserreger enthalten.

CHECKLISTE

Hochwertiges Fertigfutter

- ✔ An erster Stelle der Zutaten steht die Fleischsorte mit dem höchsten Anteil in Prozent.
- ✔ Muskelfleisch von Huhn/Lamm und Hühnerleber liefern das beste Eiweiß.
- ✔ Auch die Schlachtnebenprodukte sollten einzeln aufgeführt sein.
- ✔ Natürliche Antioxidanzien (schützen das Fett vor dem Ranzigwerden) wie Vitamin C und E sind chemischen vorzuziehen.
- ✔ Je niedriger die Fütterungsempfehlung auf der Packung, desto energiereicher und besser verwertbar ist das Futter.

➤ Fisch gekocht und entgrätet reichen.
➤ Fett am besten in Form von Fleisch. Der Fettanteil im Futter sollte aber 25 Prozent nicht übersteigen.
➤ Für Kohlenhydrate und Ballaststoffe wenig gekochte Getreidevollkornflocken und Gemüse, zum Beispiel Karotten, Zucchini und Brokkoli.
➤ Vitamin- und Mineralienpräparate (Zoofachhandel oder Tierarzt) sind unentbehrlich.

So ein dichtes, glänzendes Fell bekommt Mieze nur mit gutem Futter.

Was Katzen trinken

Im Allgemeinen trinkt Mieze wenig, vor allem wenn sie viel Feuchtfutter oder Selbstgekochtes isst. Stellen Sie Wasser an verschiedenen Orten im Haus oder in der Wohnung auf. Das ist artgerecht, denn auch in der Natur versorgen sich Katzen an verschiedenen Quellen. Allerdings nicht neben dem Futternapf, denn dann ist Wasser für sie geruchlose Nahrung, für die sie sich nicht interessieren. Milch eignet sich nicht als Getränk, da sie bei Katzen wegen des Milchzuckers (Laktose) Verdauungsstörungen hervorrufen kann. Joghurt, Quark und Dickmilch hingegen sind bekömmlich.

Gesunde Fressgewohnheiten

Ich empfehle Ihnen, der Katze von Anfang an gesunde Fressgewohnheiten beizubringen und diese auch konsequent einzuhalten.

Regelmäßige Fütterungen: Gewöhnen Sie Ihre erwachsene Katze an zwei Mahlzeiten pro Tag und diese zu bestimmten Zeiten. Was sie nach einer Stunde noch nicht verspeist hat, entfernen. Den Futternapf immer gefüllt halten, hat sich als falsch erwiesen. Eine Katze, die den ganzen Tag das Futter riechen und daran knabbern kann, hat nie richtig Appetit, wird heikel und magert ab. Oder sie frisst aus Langeweile und nimmt übermäßig zu.

Nicht zu viel Abwechslung: Wenn Sie Ihrer Katze zu schnell etwas anderes anbieten, sobald sie mal aus dem einen oder anderen Grund nicht frisst, wird sie ziemlich bald heikel. Sie merkt, dass sie mit Hungern Ihre Aufmerksamkeit auf sich ziehen und schließlich doch den begehrten Leckerbissen noch ergattern kann.

Impfungen

Die Grundimmunisierung erhält das Katzenkind ab der neunten Woche. Dazu muss es gesund und parasitenfrei sein, was der Tierarzt anhand einer Kotprobe feststellen kann. Geimpft wird gegen Katzenseuche, Katzenschnupfen, Tollwut, Leukose und Bauchfellentzündung oder FIP (→ Impfplan, rechts). Jeder Impfung sollte eine Entwurmung vorausgehen, denn Katzen mit Würmern können keinen ausreichenden Impfschutz aufbauen.

Entwurmung

- Kätzchen werden erstmals mit zwei Wochen, danach bis zur Entwöhnung wöchentlich entwurmt.
- Frei laufende Katzen werden mindestens zweimal im Jahr entwurmt, reine Wohnungskatzen einmal pro Jahr oder bei Wurmbefall (Kotuntersuchung).
- Trächtige Katzen werden zwei Wochen vor der Geburt und danach alle zwei Wochen bis zum Absetzen der Kätzchen entwurmt.

Wasser aus dem Teich schlabbern – ein Riesenspaß. Dabei kommt Jagdinstinkt auf.

Impfplan

Impfung gegen	Grundimmunisierung		Auffrischungsimpfung
	1. Impfung im Alter von	Wiederholung im Alter von	
Katzenseuche*	9 Wochen	12 Wochen	nach 1 Jahr, dann alle 2 Jahre
Katzenschnupfen*	9 Wochen	12 Wochen	jährlich
Leukose**	16 Wochen	20 Wochen	jährlich
Tollwut	12 Wochen		jährlich
FIP	16 Wochen	20 Wochen	jährlich

Hinweis: Der volle Impfschutz hat sich meist erst nach etwa vier Wochen aufgebaut. Es kann aber auch vorkommen, dass auf eine Impfung im Organismus der Katze keine Abwehrkörper gegen die entsprechende Krankheit gebildet werden.

* Mit zunehmendem Alter sind regelmäßige Impfungen gegen Katzenseuche und Katzenschnupfen nicht mehr so nötig, da die Anfälligkeit dafür abnimmt.

** Gegen Leukose kann auch früher geimpft werden (mit 9 Wochen).

Katzenpflege

Regelmäßige Pflege bedeutet nicht nur Zuwendung, sondern gleichzeitig Kontrolle, denn dabei lassen sich Krankheitsanzeichen feststellen.

Körperpflege

➤ Kurzhaarkatzen nur während des Fellwechsels täglich die losen Haare ausbürsten. Bei der anschließenden Pflege mit dem Noppentuch oder -handschuh wird die Katze gleichzeitig massiert.

TIPP

Der Gang zum Tierarzt

➤ Notieren Sie Ihre Beobachtungen bezüglich der kranken Katze.

➤ Transportieren Sie die Katze in einer Box. Diese schon vorher aufstellen, um Mieze daran zu gewöhnen.

➤ Lassen Sie sie im Wartezimmer nicht hinaus, und tragen Sie die Katze in der Box auch in den Behandlungsraum.

➤ Halblanghaar- und Langhaarkatzen täglich kämmen und bürsten. Vor allem bei Persern verfilzen die Haare sonst zu stark.

➤ Baden Sie Ihre Katze nur, wenn sie sehr verschmutzt ist.

➤ Zu lange Krallen bei Wohnungskatzen mit einer Spezialzange (Zoofachhandel) kürzen. Selbstverständlich nur die nicht durchbluteten Spitzen abschneiden. Lassen Sie sich die richtige Schneidetechnik vom Tierarzt zeigen.

➤ Zähne reinigen sich beim Zerkauen von Trockenfutter oder Büffelhautknochen von selbst. Ein junges Kätzchen lässt sich aber auch ans Zähneputzen gewöhnen. Zahnbelag und Mundgeruch weisen auf Zahnstein hin, den der Tierarzt entfernen sollte.

➤ Die Ohrmuscheln mit einem angefeuchteten Papiertaschentuch reinigen. Schmutz in den Ohren, Schiefhalten und Schütteln des Kopfes sind Anzeichen für Ohrmilben, die der Tierarzt behandeln muss.

➤ Die Augen mit einem feuchten Tuch reinigen.

Störungen und Krankheiten

Eine kranke Katze sitzt meist lustlos herum, frisst nicht und kratzt sich mehr als üblich. Weitere Merkmale können ständiger Durst, Durchfall, häufiges Erbrechen, Fieber, Husten oder starke Abmagerung sein. Bei einigen Krankheitsanzeichen können

Akupressur – Entspannung pur und sanfte Heilung für Ihre Katze.

1 **Augenpflege**

Um Tränenfluss oder Verklebungen an den Augen zu entfernen, bitte immer von der Seite oder von oben her mit einem feuchten Tuch wischen.

2 **Zahnkontrolle**

Durch sanften Druck mit Daumen und Zeigefinger auf die Mundwinkel öffnet Mieze ihr Mäulchen, und Sie können die Zähne begutachten.

3 **Fellpflege**

Halblanghaar- und Langhaarkatzen wollen regelmäßig gekämmt und gebürstet werden. Dabei können Sie das Fell auf Parasiten untersuchen.

Sie Ihrem Liebling selbst helfen (→ Tabelle, Seite 44). In allen anderen Fällen sollten Sie nicht zögern und umgehend einen Tierarzt aufsuchen.

Auf Menschen übertragbare Krankheiten

Tollwut: Katzen mit Freilauf müssen gegen diese tödlich verlaufende Infektionskrankheit geimpft werden, bei Wohnungskatzen ist die Impfung nur dann nötig, wenn sie ins Ausland reisen.

Toxoplasmose: Gefährlich für schwangere Frauen, da das ungeborene Kind schwer geschädigt werden kann. Arzt auf Katzenhaltung hinweisen und zweimal im Abstand von sechs Wochen Blut untersuchen lassen.

Hautpilz: Der Befall äußert sich in Haarausfall und Juckreiz. Da dieser häufig sehr hartnäckig ist, rechtzeitig zum Tierarzt gehen. Gegen Wiederansteckung alles, womit die Katze in Kontakt kommt, desinfizieren. Die Katze selbst nur mit Handschuhen berühren.

Spul- und Bandwürmer: Dagegen schützt die prophylaktische Entwurmung der Katze (→ Seite 41).

Flöhe, Zecken: Gegen Flöhe helfen Suspensionen zum Einnehmen, Spot-on-Präparate, die auf das Nackenfell getropft werden, Puder oder Shampoos. Zecken mit einer Pinzette aus der Haut drehen; der Kopf darf nicht stecken bleiben. Vorbeugend wirken Duftöle, Ungezieferhalsband oder homöopathische Mittel.

Sanfte Heilmethoden

Viele Tierhalter wünschen sich auch für ihre Katzen eine natürliche, möglichst nebenwirkungsfreie Behandlung. Hier kurz die wichtigsten:

➤ Die Homöopathie wendet Mittel in hoher Verdünnung an, die die Selbstheilungskräfte des Körpers anregen, die Krankheit zu überwinden.

➤ Die Akupunktur/Akupressur kann Energieblockaden lösen, Heilungsprozesse beschleunigen und das Immunsystem stärken.

Abhilfe bei Krankheitsanzeichen

Symptome	Mögliche Ursachen (die Sie evtl. selbst abstellen können)	Zum Tierarzt, wenn diese Symptome hinzukommen
Sitzt lustlos herum, frisst nicht	Langeweile, keine Anregung zum Spielen, lehnt Futter ab	Speicheln, Erbrechen, Durchfall, Fieber
Durchfall	Futterumstellung, verdorbenes Futter, zu gierig gefressen, Milchunverträglichkeit	Fieber, Erbrechen, wässriger/schaumiger/blutiger Durchfall, Abgang von Parasiten
Erbrechen	Überfressen, beim Putzen verschluckte Haare, zu kaltes Futter	Durchfall, Fieber, gespannter Bauch, Schmerzen, kein Kotabsatz
Frisst übermäßig viel	Nachholbedarf nach Streuntagen, Futterneid	Nickhautvorfall, Abmagerung, trinkt viel
Haarausfall	Haarwechsel	Ruhelosigkeit, Juckreiz, Würmer im Kot
Harnabsatz, vermehrt	Harnspritzen, viel getrunken, Unruhe vor der Geburt	Abmagerung, blutiger Urin, Schmerzen, Scheidenausfluss
Harnabsatz, vermindert	Kalte Jahreszeit, viel unterwegs	Bauch voll, hart und schmerzhaft, Apathie, Fieber
Hautausschlag	Kleiner, begrenzter Bezirk: zu viel Trockenfutter, Flohstich	Haarausfall, Juckreiz, Rötung, Schuppung
Husten	Zugluft, schneller Wechsel zwischen warm und kalt	Fieber, Atembeschwerden, Augenentzündung, Speicheln
Juckreiz am Ohr	Leichte Rötung im Ohr: Bissverletzung, Zecke	Ausfluss, Rötung, Schwellung
Mundgeruch	Stark riechendes Fressen (Fisch)	Speichelausfluss, frisst nicht, Würgen
Niesen	Staub, Grannen oder Fremdkörper in der Nase	Schnupfen, Nasenausfluss, Fieber, Augentränen
Pressen ohne Absetzen von Kot oder Urin	Verstopfung wegen Haarwechsel	Apathie, Ruhelosigkeit, Schmerzen, blutiger Ausfluss
Trinkt übermäßig viel	Heiße Jahreszeit, viel Trockenfutter	Unnatürlich großer Stuhl, häufiges Wasserlassen, frisst viel
Verstopfung	Zu viel Trockenfutter, Haarwechsel	Harter Bauch, Herz und Puls beschleunigt, Schmerzen

➤ Bei der Bach-Blütentherapie wirken Blütenessenzen auf Seelenzustände ein und helfen damit verbundene körperliche Beschwerden abzubauen.

➤ Als Tellington-Touch oder TTouch bezeichnet man ein sanftes Massieren zur Beruhigung und Beseitigung von Stress.

Krankenpflege

➤ Die kranke Katze in einen flachen Karton oder Korb auf ein Kissen mit auswechselbarem Bezug legen und an einen warmen, zugfreien Ort stellen. Bei ansteckenden Krankheiten isolieren, wenn Sie noch andere Katzen halten.

➤ Fieber messen geht am besten zu zweit. Einer hält die Katze an Schultern und Vorderpfoten fest, der andere misst. Dazu den Schwanz leicht anheben und das mit Creme eingefettete Thermometer ca. zwei Zentimeter in den After einführen. Normaltemperatur bei Katzen: 38 bis 39,2° C.

➤ Tabletten in leckerem Futterbrocken »verpacken« oder direkt geben. Dazu das Mäulchen öffnen (→ Foto, Seite 43) und die Tablette so weit wie möglich in den Rachen schieben. Das Mäulchen zuhalten und die Kehle sanft massieren, bis die Katze die Tablette geschluckt hat.

➤ Tropfen mit Einwegspritze (ohne Nadel!) verabreichen. Oder auf die Pfote träufeln, von dort leckt sie die Katze ab, sofern sie ihr munden.

➤ Augentropfen oder -salbe: Das Lid der Katze mit Daumen und Zeigefinger leicht auseinander ziehen und zwei bis vier Tropfen oder einen Salbenstrang in das Unterlid eingeben. Dann das geschlossene Lid mit kreisenden Bewegungen leicht massieren, um das Mittel zu verteilen.

➤ Ohrentropfen: Die Ohrmuschel leicht anheben, das Fläschchen in den Gehörgang einführen und das Mittel einträufeln. Den Ohrengrund von außen massieren, um das Mittel im Ohr zu verteilen.

Die alte Katze

Mit zunehmendem Alter ist eine Katze nicht mehr so gelenkig, liegt gern auf ihrem weichen Kissen und mag es ruhig. Seien Sie vor allem lieb mit ihr, und lassen Sie sie etwa alle drei bis vier Monate vom Tierarzt untersuchen. Leidet Ihre Katze an einer unheilbaren Krankheit oder kann sie nicht mehr ohne Schmerzen leben, sollte sie der Tierarzt von ihrem Leiden erlösen und einschläfern. Er verabreicht ihr eine Spritze, mit der sie ganz schnell einschläft. Halten Sie sie dabei im Arm, streicheln Sie sie und reden Sie mit ihr, dann wird sie kaum Angst empfinden. Im eigenen Garten dürfen Sie die Katze in einem Meter Tiefe begraben. In vielen Städten gibt es jetzt auch Tierfriedhöfe (Adressen beim Tierschutzverein oder Tierarzt).

In die Jahre gekommen, neigen manche Tiere zu einer »Katzenwäsche«.

Fragen rund um Ernährung und Gesundheit

Sind 170 Gramm Futter täglich für eine Katze mit 4,5 Kilogramm Gewicht nicht viel zu wenig?

Unsere Katzen ernähren sich wie ihre Vorfahren, die Falbkatzen, von Beutetieren, die ihnen alle Nährstoffe in der richtigen Zusammensetzung und Menge liefern. Deswegen hat sich im Lauf ihrer Entwicklung auch ihr Verdauungstrakt nicht geändert. So sind sie als Wohnungskatzen, die heute kaum mehr eine Maus zu Gesicht bekommen, darauf angewiesen, von uns »mausähnliche« Nahrung vorgesetzt zu bekommen. Besteht diese hauptsächlich aus optimal verwertbarem Fleisch und einem kleinen Getreideanteil, genügt einer erwachsenen Katze tatsächlich nur »so wenig« Futter (→ Seite 38 bis 40).

Können Verhaltensprobleme mit der Ernährung zu tun haben?

Durchaus, wenn auch nicht unmittelbar, sondern auf dem Umweg über die Gesundheit. Beispielsweise kann Unsauberkeit die Folge von Harnwegserkrankungen sein, die durch unausgewogenes Futter entstanden sind. Zu viel Kohlenhydrate in der Nahrung begünstigen Hyperaktivität oder Allergien, die sich zum Beispiel in Form von Durchfall, übermäßigem Putzen des Fells oder Blutigkratzen äußern und oft als unerwünschtes Verhalten falsch interpretiert werden. Ernährungsbedingte Verhaltensprobleme lassen sich in der Regel mit hochwertiger Nahrung in den Griff kriegen.

Kann ich meinen Kater (kastriert) nur mit Trockenfutter ernähren?

Wenn er ausreichend dazu trinkt, ja. Doch das ist relativ schlecht zu kontrollieren. Neigt er zu Problemen mit den Harnwegen (was viele Kastraten tun), sollten Sie auf Trockenfutter verzichten. Durch zu viel Trockenfutter

Katzenrausch vorprogrammiert: Her mit den kleinen (Katzenminze-)Mäusen!

und zu wenig Trinken wird der Urin zu konzentriert, was die Bildung von Harngrieß unterstützen kann.

? Meine Katze ist viel zu dick. Kann ich sie fasten lassen?

Fasten ist nichts für Katzen. Wenn die Katze nach kleineren Portionen zu stark bettelt, sollten Sie den Ballaststoffanteil in der Nahrung erhöhen. Ballaststoffe machen satt, aber nicht dick. Zusätzlich intensiv spielen bringt viel Bewegung, und das ist bekanntlich einer schlanken Linie dienlich.

? Soll meine Katze nicht wenigstens einmal Junge haben, bevor sie kastriert wird?

Katzen empfinden nicht in menschlichen Kategorien. Sie folgen lediglich ihrem Fortpflanzungstrieb. Ist dieser durch die Kastration ausgeschaltet, sind sie ebenso glücklich. Weder werden sie faul und träge (es sei denn, man überfüttert sie), noch ändert sich ihr Charakter. So braucht eine Kätzin keinen Wurf gehabt zu haben, um gesund und geistig ausgeglichen zu sein.

? Kann ich meine kranke Katze selbst versorgen, oder muss ich gleich zum Tierarzt gehen?

Deuten verändertes Verhalten und bestimmte Symptome auf eine Erkrankung hin, ist es wichtig, dass Sie schnell erkennen, um was es sich handelt (→ Tabelle, Seite 44), und rechtzeitig zum Tierarzt gehen. Denn im Anfangsstadium behandelt, sind die Heilungsaussichten vieler Krankheiten recht gut. Mit naturheilkundlichen Methoden können Sie den Heilungsverlauf beeinflussen. Auch Ihre liebevolle Pflege kann zur Gesundung beitragen.

? Stimmt es, dass ich meine nur in der Wohnung lebende Katze nicht impfen lassen muss?

Auf alle Fälle sollte sie gegen Katzenseuche und Katzenschnupfen geimpft sein, denn diese Infektionskrankheiten könnten Sie zum Beispiel an den Schuhen einschleppen. Und falls Sie Ihre Katze auf Ausstellungen vorstellen wollen oder mit ihr ins Ausland verreisen, muss sie auf jeden Fall gegen Tollwut geimpft sein, und zwar wenigstens 30 Tage vor Antritt der Reise.

MEINE TIPPS FÜR SIE

Katrin Behrend

Wellness-Tipps für jeden Tag

- Katzen knabbern an Gras, um Haarballen loszuwerden. Im Zoofachhandel gibt es dafür auch eine gute Malzpaste, die Sie Ihrer Langhaarkatze einmal wöchentlich geben können.
- Kämmen und bürsten Sie immer zur selben Zeit, am selben Platz und in derselben Reihenfolge. Solche Rituale liebt die Katze und wird die Pflege genießen.
- Mit Bach-Blüten können Sie positiv auf den Gemütszustand Ihrer Katze einwirken, etwa wenn sie schnell in Panik gerät. Lassen Sie sich vom Therapeuten beraten.
- Richtig streicheln entspannt die Katze: kraulen zwischen den Ohren, unter dem Kinn und zwischen den Schulterblättern, streicheln mit der flachen Hand im Fellstrich über Flanken und Rücken.
- Leckerchen eignen sich gut als Belohnung. Damit Mieze aber nicht zu dick wird, die Extra-Kalorien in der täglichen Futterration wieder einsparen.

Beschäftigungs-Programm

Katzengerechte Erziehung

Der Lernprozess von Katzenkindern vollzieht sich in den ersten zehn Wochen und beruht auf drei Grundsätzen:

➤ Die Kätzchen beobachten, was die Mutter macht, und ahmen sie nach.

Geeignetes Spielzeug lenkt Katzen von Unerwünschtem ab.

➤ Sie lernen aus guten und schlechten Erfahrungen.

➤ Sie erreichen etwas und werden es von nun an immer so machen.

Dieses Wissen brauchen Sie nur richtig umzusetzen, wenn Sie mit der Erziehung Ihres Kätzchens beginnen. Und Erziehung ist notwendig, da dürfen Sie sich nichts vormachen, sonst tanzt Ihnen der kleine Racker bald auf der Nase herum.

Erziehungsregeln

Eine Katze lässt sich zu nichts zwingen. Wenn Sie wollen, dass sie sich an Ihre Regeln gewöhnt, müssen Sie ihr auch Möglichkeiten und Alternativen zeigen und selbst zu Kompromissen bereit sein.

➤ Anbieten statt verbieten: Verbieten Sie der Katze nicht einfach, beispielsweise am Sofa zu kratzen. Bieten Sie ihr stattdessen einen Kratzbaum an, und loben Sie sie jedes Mal, wenn sie sich daran zu schaffen macht.

➤ Beständigkeit statt Veränderung: Hat sich die Katze an Plätze, eine bestimmte Katzenstreu, Zeiten und Abläufe gewöhnt, möchte sie das gern immer so haben. Das schafft Sicherheit und Vertrauen.

➤ Konsequenz statt Nachgiebigkeit: Was einmal verboten ist, muss es immer bleiben.

Aufs Katzenklo gehen

Kätzchen beginnen mit drei bis vier Wochen, aufs Klo zu gehen. Das heißt, sie kommen in der Regel schon stubenrein

TIPP

Grundregeln für den Alltag

➤ Mit der Erziehung so früh wie möglich beginnen. Dann können sich Unarten erst gar nicht festsetzen.

➤ Die Katzensprache richtig deuten lernen, damit es nicht zu Missverständnissen kommt.

➤ Routine schaffen und sich daran halten. Die Katze mag geregelte Tagesabläufe und reagiert empfindlich, wenn sie über den Haufen geworfen werden.

➤ Nicht anschreien oder bestrafen. Die Katze bekommt sonst Angst, und die Probleme werden verstärkt.

Kätzchen lernen spielend. Sie trainieren ihre Muskeln und wie man sich mit Pfoten, Krallen und Zähnen wehrt.

zu Ihnen ins Haus. Nun müssen Sie dafür sorgen, dass es auch dabei bleibt.

➤ Anfangs ein niedriges Kistchen wählen und gleich mehrere aufstellen, damit immer eines in Reichweite ist.

➤ Die Toilette für die ausgewachsene Katze muss so groß sein, dass sich Mieze bequem umdrehen und ausgiebig darin scharren kann.

➤ Das Katzenklo an einem geschützten, ruhigen Ort aufstellen – weit weg vom Futternapf – und dort belassen, wenn Mieze den Platz gut heißt und sie sich daran gewöhnt hat.

➤ Erst einmal die Streu nehmen, die die Katze bereits kennt (Vorbesitzer fragen).

➤ Eine eventuelle Umgewöhnung langsam vollziehen (→ Seite 16).

➤ Streu vier bis fünf Zentimeter hoch einfüllen. Täglich Kot und Urinklümpchen entfernen. Einmal wöchentlich vollständig leeren und das Katzenklo mit heißem Wasser gründlich reinigen.

Kratzen muss sein

Beim Kratzen schärft die Katze ihre Krallen, trainiert ihre Muskeln und markiert ihr Revier. Deshalb braucht sie

CHECKLISTE

Goldene Erziehungsregeln

- ✔ Arteigene Bedürfnisse wie Kratzen, Markieren, Klettern, Spielen oder Jagen dürfen der Katze nicht verwehrt werden.
- ✔ Erwünschtes Verhalten immer loben und durch Belohnung verstärken.
- ✔ Unerwünschtes Verhalten durch Anbieten von Alternativen umlenken.
- ✔ Nachhaltig sind auch unangenehme Erfahrungen am Ort des unerwünschten Verhaltens, wie der unerwartete Spritzer aus einer Wasserpistole.
- ✔ Was heute verboten ist, darf morgen nicht erlaubt werden. Nie.

Kratzmöglichkeiten auch in der Wohnung (→ Seite 16), sonst bearbeitet sie Ihre Einrichtung. Das bedeutet aber für Sie, die Katze an die Benutzung des Kratzmöbels zu gewöhnen.

➤ Platzieren Sie das Kratzmöbel so, dass die Katze vom Schlaf- zum Futterplatz daran vorbeikommt. Beim Kratzen frischt sie ihre Markierungen auf und übt Dominanz.

Gegen Naschen am Tisch hilft nur ein konsequentes Nein.

➤ Kratzt die Katze an Sessel oder Sofa, dürfen Sie nicht schimpfen. Stellen Sie einen Kratzpfosten daran oder dicht daneben oder locken Sie die Katze zum Kratzbaum. Wenn sie ihn akzeptiert und benutzt, gibt's eine Belohnung.

➤ Kratzen Sie selbst daran, das regt Mieze zum Nachahmen an. Aber nie die Katze zum Kratzbaum tragen und mit ihren Pfoten daran kratzen; damit erreichen Sie garantiert das Gegenteil.

➤ Ein Trick: Parfümieren Sie den Kratzbaum mit Katzenminze. Das verführt ganz sicher zum Kratzen.

Betteln

Einer Katze, die am Tisch bettelt, sind gesunde Fressgewohnheiten fremd (→ Seite 40). Führen Sie feste Fütterungszeiten ein und geben Sie ihr nichts zwischendurch, auch wenn sie noch so bettelt. Wenn sie das eine Futter nicht frisst, nicht gleich ein anderes anbieten. Und bleiben Sie konsequent. Wenn Sie auch nur einmal schwach werden, war alles umsonst.

Pfoten weg!

Gewisse Plätze wie Herd, Küchen-/Esstisch oder Vorhänge, an denen sie hinaufklettert, müssen der Katze verleidet werden, und zwar so, dass sie diese in unangenehmer Erinnerung behält. Versuchen Sie es damit:

➤ Herd/Tisch mit doppelseitigem Klebeband bekleben. Klebrige Pfoten mag die Katze gar nicht.

➤ Schüssel voll Wasser oder Dose voll Kieselsteinchen so aufstellen, dass sie umkippen, wenn die Katze hochspringt. Diese schlechte Erfahrung will sie nur einmal machen.

➤ Den unteren Teil der Vorhänge mit fester Plastikfolie bedecken. Die Katze rutscht mit ihren Krallen ab und versucht es nicht mehr.

➤ »Erlaubte« Kletterplätze interessant machen, beispielsweise durch Verstecken von Leckerchen oder Befestigen von Spielzeug.

➤ Die Katze jedes Mal loben, wenn sie die angebotene Alternative benutzt.

Ferien – was nun?

Zu Hause lassen: In ihrer gewohnten Umgebung fühlt sich Mieze am wohlsten. Deshalb sollten Sie sich rechtzeitig nach einer katzenfreundlichen Person umsehen, die die Katze füttert, das Katzenklo säubert und Zeit zum Schmusen und Spielen hat. Adressen von Catsittern erhalten Sie über das Tierheim in Ihrer Nähe, das Branchenfernsprechbuch oder über das Internet.

In Pflege geben: Zu Freunden geben ist noch am unproblematischsten. Aber auch in einer Katzenpension, mit der andere Katzenhalter bereits gute Erfahrungen gemacht haben, kann sich Mieze wohl fühlen. Wegen möglicher Ansteckungsgefahr muss der Impfschutz komplett sein (→ Seite 41).

Mitnehmen: Eine Katze, die ans Reisen gewöhnt ist, fährt gern mit in die Ferien, noch dazu, wenn es immer derselbe Ort ist. Allzu lange Fahrten und ein ständig wechselnder Urlaubsort sind jedoch nicht nach ihrem Geschmack.

Bei Reisen ins Ausland die Einreisebestimmungen beachten und nötige Gesundheitszeugnisse und den Impfpass mitnehmen.

Mobile Katzen

An das Auto können Sie bereits die junge Katze gewohnen, dann zählt es zu ihrem Revier, und später bei der Fahrt in den Urlaub gibt es weniger Probleme.

Das gilt es zu bedenken:

➤ Sprechen Sie im Vorfeld beruhigend mit der Katze.

Reisen mag ja ganz schön sein, aber zu Hause ist es immer noch am schönsten.

➤ Geben Sie ihr am Abend vorher und während der Reise nichts zu fressen.

➤ Während der Fahrt Pausen zum Trinken einlegen.

➤ Während der Fahrt die Katze nicht aus der Transportbox lassen, auch wenn sie ruhig sitzen bleibt. Bei einem Bremsmanöver kann sie durchs Auto fliegen und die Insassen gefährden. Die Box ebenfalls mit Gurten sichern.

➤ Die Katze nicht längere Zeit allein im Auto lassen. Wenn es mal nötig ist, dann das Auto im Schatten parken. Achtung: Die Sonne wandert!

CHECKLISTE

Reisevorbereitung

- ✔ Für »Personalausweis« sorgen: Adressanhänger und/oder Tätowierung. Nummer in einer Haustier-Registrierung eintragen lassen (→ Adressen, Seite 60).
- ✔ Die Katze schon ein paar Tage vor Abfahrt an die Transportbox gewöhnen.
- ✔ Das Kätzchen langsam mit dem Autofahren bekannt machen.
- ✔ Ins Reisegepäck gehören: Futter-/Trinknapf, Toilette, Streu, Dosen-/Trockennahrung, Katzengeschirr und Leine, Pflegeutensilien, Zeckenzange, Flohmittel, Wund- und Heilsalbe.

Bitte spiel mit mir

Katzen müssen spielen. Dabei leben sie ihren Bewegungsdrang aus und trainieren ihre körperlichen Fähigkeiten. In der Natur verausgaben sie ihre Energie auf der Jagd; in der Wohnung müssen dafür Spiel und Beschäftigung herhalten. Sonst werden Katzen unausgeglichen, ziehen sich apathisch zurück oder fallen aggressiv auf.

Rein in die Dose und wieder raus – für Kätzchen ein Spaß ohne Ende!

Wie Katzen spielen

Mieze spielt am liebsten mit ihrem Menschen. Das festigt die Beziehung und beschert ihr bis ins hohe Alter viel Lebensfreude.
Doch aufgepasst!

➤ Sie machen das Spielangebot, aber der kleine Racker bestimmt, wann es losgeht bzw. wann er genug hat.

➤ Gibt es eine feste Spielzeit, wird er schon darauf warten. Ideal ist abends vor der Fütterung, denn in der Natur muss sich die Katze, bevor sie ihre Beute verspeist, auch erst bei der Jagd verausgaben.

➤ Eine Spieleinheit sollte mindestens 15 bis 20 Minuten dauern.

➤ Manchmal ist Mieze keine Samtpfote und attackiert Sie beim Spiel mit Zähnen und Krallen. Dann muss sie sich erst wieder beruhigen, bevor es weitergeht.

Spielzeug für eine Katze allein

Es muss leicht sein, sich herumschubsen und beschmusen lassen, und die Katze will danach springen und daran kratzen können. Gut eignet sich beispielsweise

zum Angeln:

➤ Spielmaus, Bällchen oder Quasten an Gummiband oder grober Schnur, am Türrahmen oder Kletterbaum befestigt,

➤ Cat Track (Kunststoffring mit eingesperrtem Pingpongball, den die Katze herausangeln muss);

zum Fangen:

➤ Bällchen aus Schaumstoff oder Hartgummi,

➤ Korken oder Garnrolle,

➤ Katzenminzespielzeug (Mieze bekommt davon einen gesunden Rausch);

zum Verkriechen:

➤ Pappkarton mit Schlupfloch und Gucklöchern,

➤ Papiertüte (ohne Tragegriffe) mit Loch für die Katzennase.

Gemeinsam spielen

Hier sind der Fantasie keine Grenzen gesetzt.

Verstecken: In einen Karton Papierbällchen werfen. Wenn Mieze hineingesprungen ist, um sie zu fangen, spielen Sie zweite Katze, die hinterher will. Handschuh anziehen,

1 Anschleichen

Der Katze liegt das Anschleichen im Blut. Alles, was sich bewegt, weckt ihren Jagdeifer, ganz gleich, ob das nun eine Maus ist oder ein Spielzeug. Play 'n scratch – ein spannendes Angel-, Fang- und Kratzspiel – befriedigt gleich mehrere Bedürfnisse auf einmal. Und auch Ihr Spaß beim Zuschauen ist garantiert.

2 Fangen

Mit gezieltem Pfotenschlag hat die Katze das wackelnde Wollbällchen »erlegt«. Stolz versenkt sie ihre Krallen in den Kratzteppich, wobei sie gleichzeitig Spannung abbaut. Doch das zurückwippende Bällchen weckt sofort wieder ihre Aufmerksamkeit. Sie legt sich erneut auf die Lauer – und das Spiel beginnt von vorn.

sonst setzt es schmerzhafte Kratzer.

Katzensquash: Hartgummibällchen gegen eine leere Wand werfen. Die Katze wird geschickt wie ein Profi danach springen und kaum einen Ball verfehlen.

Fang die Maus: Federangel, Papierknäuel oder Spielmaus an Schnur läuft in Zickzackbewegungen davon, klettert am Kratzbaum hoch, versteckt sich hinter der Tür, damit Mieze auf der Lauer liegen kann. Des öfteren muss sie die Maus erwischen, sonst verliert Mieze die Lust.

Anschleichen: Schleichen Sie sich auf allen vieren an. Wenn Sie Mieze entdeckt haben, läuft sie davon. Nun verstecken Sie sich hinterm Sessel. Nach einer Weile wird sie Sie suchen, und alles fängt von vorne an.

Kleine Kunststücke

Mit Zeit, Geduld und Belohnung und den immer gleichen Kommandos kann man einer Katze das eine oder andere Kunststück beibringen. Wichtig ist, sie zu nichts zu zwingen und bei jedem Versuch zu loben, belohnen und zu streicheln, auch wenn er nicht gelingt.

Balancieren: Zwischen zwei Stühle einen Besenstiel legen (er darf nicht wackeln) und die Katze mit einem Leckerbissen über den schmalen Grat locken.

Springen: Zwei Stühle mit etwas Abstand nebeneinander stellen und die Katze mit einem Leckerbissen zum Springen animieren. Beherrscht sie die Übung perfekt, können Sie diese mit einem Reifen, den Sie zwischen die Stühle halten, zur »Zirkusnummer« ausbauen.

Fragen rund um Erziehung und Urlaub

? Meine Katze lässt den Kratzbaum, den ich ihr gekauft habe, links liegen. Was kann ich tun?
Vielleicht ist der Standort, den Sie gewählt haben, nicht richtig. Katzen mögen gleich nach dem Aufstehen ihre Krallen wetzen. Der Kratzbaum sollte also in Reichweite des Schlafplatzes stehen. Auch das Material muss stimmen; an rauen, widerstandsfähigen Oberflächen, in die sie die Krallen richtig versenken können, kratzen sie am liebsten. Locken Sie Ihre Samtpfote mit einem Spielzeug hin, einer Maus an der Schnur, die Sie langsam den Kratzbaum hinaufklettern lassen. Wenn Mieze das Spielzeug fängt, wird sie anschließend stolz kratzen. Mein Tipp: Tragen Sie die Katze nie zum Kratzbaum und machen mit den Pfoten kratzende Bewegungen. Das hasst sie und wird ihn danach eher meiden.

? Ich wollte meiner Katze nachhaltig beibringen, ihre Toilette zu benutzen. Nun verweigert sie sie.
Katzen verabscheuen Zwang. Ihrer Mieze wird das Klo verleidet, wenn Sie sie einfach hineingesetzt oder gar festgehalten und mit den Pfoten darin gescharrt haben. Versuchen Sie es noch einmal von vorn. Stellen Sie das Klo dahin, wo sie jetzt ihr Geschäft macht. Loben Sie sie, wenn sie es benützt, dann wird sie wieder Vertrauen gewinnen. Das kann allerdings dauern, denn Katzen halten hartnäckig an einmal gefassten Gewohnheiten fest.

? Ich habe im Supermarkt eine günstigere Katzenstreu gefunden. Kann ich sie einfach wechseln?
Das Gewohnheitstier Katze würde auf einen abrupten Wechsel empfindlich reagieren, womöglich nicht mehr das Klo benutzen. Mischen Sie die neue Streusorte im Verhältnis 1:9 unter die alte und erhöhen Sie den Anteil langsam. Wenn Mieze die Streu akzeptiert, bleiben Sie dabei. Das erspart Stress auf beiden Seiten. Überhaupt empfiehlt es sich, Ihrer Katze jegliche Veränderung behutsam nahe zu bringen.

Krallenwetzen – ein Muss für Miezen. Spielzeug lenkt sie schnell wieder ab.

? Meine Katze ist tagsüber allein und macht seit neuestem nur Unsinn. Was ist los mit ihr?

Ihre Katze scheint sich eindeutig zu langweilen. Das heißt, sie weiß während Ihrer Abwesenheit nichts mit ihrer aufgestauten Energie anzufangen. Richten Sie eine Spielstunde ein zu einer festgesetzten Zeit, damit sich die Katze daran gewöhnen kann. Achten Sie darauf, dass sie sich richtig verausgabt, etwa mit Spring- und Rennspielen. Animieren Sie sie zum Klettern, Lauern (auch das verbraucht Energie), Hinterherlaufen, Fangen, und streuen Sie ab und zu getrocknete Katzenminzeblätter (im Zoofachhandel) auf den Fußboden. Durch den gesunden Rausch, den Mieze davon bekommt, wird Stress abgebaut. Geben Sie ihr Spielzeug, mit dem sie sich tagsüber gut allein beschäftigen kann (→ Seite 54), dann wird sie Ihre Sachen in Ruhe lassen.

? Bei Fahrten im Auto speichelt meine Katze und ist unruhig. Was hat sie?

Es kommt zwar nicht so häufig vor, aber vermutlich ist Ihre Katze aufgrund der Aufregung reisekrank. Wenn Sie das Tier nur selten im Auto mitnehmen, kann die ungewohnte Bewegung das Brechzentrum reizen. Geben Sie der Katze bereits am Abend vor Reiseantritt nichts zum Fressen. Eine halbe Stunde vorher bekommt sie dann ein bis zwei Teelöffel abgekühlten Ingwertee mit Hilfe einer Pipette oder Einwegspritze ohne Nadel. Das beruhigt den Magen.

? Ich muss ins Ausland verreisen. Wird meine Katze im Zug oder Flugzeug getrennt von mir untergebracht?

Im Zug darf eine Katze kostenlos im Abteil mitfahren, vorausgesetzt, sie befindet sich in einer geschlossenen Transportbox. Lassen Sie sie während der Fahrt nicht hinaus; sie könnte erschrecken und davonlaufen. Auch auf Linienflügen darf sie in der Box normalerweise mit in die Kabine. Da die Fluggesellschaften jedoch unterschiedliche Bestimmungen haben, sollten Sie sich rechtzeitig vorher erkundigen. Geben Sie der Katze während der Reise nur wenig Futter, dafür ausreichend Wasser.

MEINE TIPPS FÜR SIE

Katrin Behrend

Katzenerziehung leicht gemacht

- Zeigen Sie Ihrer Katze, dass Sie ebenso viel Geduld und Ausdauer haben wie sie. Bettelt sie hartnäckig, dürfen Sie kein einziges Mal nachgeben.
- Seien Sie konsequent: Wollen Sie ihr abgewöhnen, auf den Esstisch zu springen, müssen Sie es ihr jedes Mal verwehren und nicht nur dann, wenn der Tisch gedeckt ist.
- Wenn Sie mit der Katze schimpfen, niemals ihren Namen nennen.
- Ablenkung ist ein gutes Erziehungsmittel. Setzen Sie es dann ein, wenn die Katze unerwünschte Dinge tut. Spielt sie zum Beispiel mit der Tastatur Ihres Computers, locken Sie sie mit einer Federangel weg.
- Arbeiten Sie mit so genannten positiven Verstärkern, also Belohnung wie Futter, Spiel oder Streicheleinheiten, wenn die Katze eine »Übung« gut gemacht oder etwas unterlassen hat, was sie nicht tun darf.

Die **halbfett** gesetzten Seitenzahlen verweisen auf Abbildungen, U = Umschlag

Meine Katze

Name: ______________________

So füttere ich sie:

____

____

____

Lieblingsspiele und Spielzeug:

____

____

____

So will sie gepflegt werden:

____

____

____

Das sind ihre Eigenheiten:

____

____

____

Besondere Kennzeichen:

____

____

____

Das ist ihr Tierarzt:

____

____

____

Adressen

Verbände/Vereine

➤ Fédération Internationale Féline (FIFe), 17 Rue du Verger, L-2665 Luxembourg, www.fifeweb.org

➤ 1. Deutscher Edelkatzenzüchterverband e.V. (1. DEKZV e.V.), Berliner Str. 13, D-35614 Asslar, www.dekzv.de

➤ Deutsche Rassekatzen-Union e. V. (D.R.U.), Hauptstraße 56, D-56814 Landkern, www.dru.de

➤ Österreichischer Verband für die Zucht und Haltung von Edelkatzen (ÖVEK), Liechtensteinstraße 126, A-1090 Wien, www.oevek.org

➤ Fédération Féline Helvétique (FFH), Alfred Wittich, Büntacher 22, CH-5626 Hermetschwil, www.ffh.ch

(Anschriften von Katzenclubs und -vereinen können Sie bei den vorgenannten Verbänden erfragen.)

Fragen zur Haltung beantworten

Ihr Zoofachhändler und der Zentralverband Zoologischer Fachbetriebe Deutschlands e.V. (ZZF), Tel. 0 61 03/91 07 32, (nur telefonische Auskunft möglich: Mo. 12-16 Uhr, Do. 8-12 Uhr), www.zzf.de

Krankenversicherung

➤ Uelzener Versicherungen, PF 21 63, D-29511 Uelzen, www.uelzener.de

➤ AGILA Haustier-Krankenversicherung a. G., Breite Straße 6–8, D 30159 Hannover, www.agila.de

Registrierung von Katzen

➤ TASSO-Haustierzentralregister e.V., Frankfurter Str. 20, D-65795 Hattersheim, Tel. 0 61 90/93 73 00, www. tiernotruf.org

➤ Internationale Zentrale Tierregistrierung (IFTA), Weiherstr. 8, D-88145 Maria Thann, Tel. 0 08 00/43 82 00 00 (kostenlos), www.tierregistrierung.de

Zeitschriften

➤ die edelkatze. Illustrierte Fachzeitschrift für Katzenfreunde, Verbandszeitschrift des 1. DEKZV (→ Adressen)

➤ katzen. Hrsg. D.R.U. (→ Adressen)

➤ Katzen extra. Gong Verlag, Ismaning

➤ Geliebte Katze. Gong Verlag, Ismaning

Die Fotografen

Artemis View/Elsner: S. 13 li., mi., 29 li., re.; Binder: S. 12 li., 31 o. re., 33; Cogis/Lanceau: S. 12 re.; Giel: S. 2; Juniors/Born: S. 26, 41; Juniors/Farkaschovsky: S. 36/37; Juniors/Groth: S. 20/21; Juniors/Kuczka: S. 28; Juniors/Lindner: S.62; Juniors/Oasis Inc.: S. 3; Juniors/Wegler: S. 6, 10 li., mi., 11 li., mi., re., 12 mi., 13 re., 16, 27; Kuhn: S. 8, 31 u., 34; Schanz: S. U1, U2/1, 4/5, 9, 10 re., 14, 15, 17, 18, 22, 23, 30 li., re., 31 o. li., mi. re., 32, 38, 39, 40, 42, 43 li., mi., re., 45, 46, 48/49, 50, 51, 52, 53, 54, 55 li., re., 56, U4 li., mi., re.; Wegler: 24, 25 (alle).

AN UNSERE LESER

➤ Schutzimpfungen und Entwurmungen sind notwendig, um die Gesundheit von Mensch und Tier nicht zu gefährden.

➤ Da einige Krankheiten und Parasiten auf den Menschen übertragbar sind, im Zweifelsfall immer zum Tierarzt gehen.

➤ Menschen mit Katzenhaar-Allergie sollten vor Anschaffung einer Katze ihren Arzt fragen.

➤ Gegen Schäden, die von Katzen verursacht wurden, schützt eine Haftpflichtversicherung.

KATZEN-MASSAGE

Massage tut nicht nur gut, sie dient auch der **Gesundheit**. Wandeln Sie in regelmäßigen Abständen die Streichelstunden in **Massagesitzungen** um. Beginnen Sie hinter den Ohren und massieren Sie den Körper mit sanftem Druck bis zur Schwanzwurzel. Schnurrt Mieze, wissen Sie, dass sie es genießt.

Wohlfühl-Garantie für Katzen

ABENTEUERPFAD

Sie wohnen mitten in der Stadt, ohne Auslauf für Mieze. Kein Problem! Legen Sie in der Wohnung in der zweiten Ebene einen **»Laufsteg«** an, dann kann sie ihr Revier täglich durchstreifen. Dazu z. B. Regale und Schränke mit Stegen verbinden, **Kuschelhöhlen** einbauen und mit Seilen oder Leitern Kletterhilfen schaffen.

SPIELZEUGTAUSCH

Während Ihrer Abwesenheit kann sich Mieze mit verschiedenem Spielzeug die Zeit vertreiben. Da aber alles nach gewisser Zeit langweilig wird, packen Sie die **»alten« Spielsachen** einfach weg und tauschen sie gegen neue aus. Nun stehen wieder aufregende Zeiten bevor.

KATZEN-SENIOREN

Ist eine Katze in die Jahre gekommen, kann sie sich oft nicht mehr so pflegen. Dann sollten Sie ihr **helfen**. Bürsten Sie sie **regelmäßig**, damit sie nicht unnötig Haare verschluckt, die den Darm verstopfen. Und weil Mieze nicht mehr so viel herumläuft: ab und zu die Krallen kürzen.

WOHNBAUM

Ein **Kratzbaum** wird für Mieze noch interessanter, wenn Sie ihn zum Wohnbaum erweitern. Bauen Sie Kletterseile, verschieden hohe **Liegemulden** (mit rauem Material bezogen) und Kuschelhöhlen zum Klettern, Sitzen, Schlafen und Hangeln ein und hängen Sie verschiedenes Spielzeug daran.

SPIELAUFBAU

Das tägliche Spiel mit der Katze ist ein Muss für ihre Gesundheit und seelische Ausgeglichenheit. Zugleich soll sie sich aber auch darauf freuen. Bringen Sie **Spannung** hinein, indem Sie ihre natürlichen Verhaltensweisen bei der **Jagd** imitieren: Anschleichen, Fangen und Abreagieren durch Spiel mit der Beute.

Die GU-Erfolgstipps

MAHLZEIT!

Der »arbeitslosen« Hauskatze, die sich ihr Futter nicht mehr erjagen muss, ist es oft langweilig. Gestalten Sie die **Futtersuche** aufregender und verstecken Sie ein paar Trockenfutter-Plätzchen an verschiedenen Stellen in der Wohnung. Dann darf Mieze sozusagen auf die **Pirsch** gehen und sich ihr Futter erarbeiten.

DUFTORGIE

Bei bestimmten Düften geraten Katzen regelrecht aus dem Häuschen. **Katzenminze** gehört dazu oder Baldrian. Bieten Sie Ihrer Samtpfote hin und wieder ein mit diesen Kräutern gefülltes **Kissen** oder Spielzeug an. Auch Kratzbaum oder -brett lassen sich mit diesem Duft attraktiver machen.

FENG SHUI

Ihre Katze weiß instinktiv, welche Plätze in der Wohnung ihr am besten tun, ob zum Fressen, Schlafen oder Putzen, zum Spielen oder Beobachten. Meist sind es Orte mit bestimmten **Energieströmen**. Akzeptieren Sie diese Plätze, sie verhelfen Mieze zu Harmonie.

SANFTE THERAPEUTEN

Für erwachsene Katzen ist es oft nicht leicht, ein neues Zuhause zu finden. Dabei bieten sie einige Pluspunkte: Sie sind stubenrein, selbstständig und pflegeleicht. Einem älteren Menschen können sie ein lieber, **anschmiegsamer Hausgenosse** sein.

Die Autorin

Katrin Behrend, von klein auf an das Leben mit Katzen und Hunden gewöhnt, teilt ihren Haushalt seit vielen Jahren mit mehreren Samtpfoten. Sie ist Journalistin und arbeitet für GU als Tierbuch-Redakteurin und Autorin erfolgreicher Ratgeber. Heute lebt sie in München und Italien, wo sie sich um zahlreiche Katzen in ihrer Umgebung kümmert.

Impressum

Redaktion: Sibylle Kolb
Lektorat: Angelika Lang
Umschlaggestaltung und Layout: independent Medien-Design, München
Satz: Uhl + Massopust, Aalen
Produktion: Petra Roth
Repro: Fotolito Longo, Bozen
Druck und Bindung: sachsendruck/Plauen
Printed in Germany

ISBN 978-3-8338-1412-9

GRÄFE UND UNZER

Ein Unternehmen der
GANSKE VERLAGSGRUPPE